커피 주문하듯,

코스튬 주얼리

커피 주문하듯, 코스튬 주얼리

발행일	2020년 1월 10일		
지은이	최다영		
펴낸이	손형국		
펴낸곳	(주)북랩		
편집인	선일영	편집	오경진, 강대건, 최예은, 최승헌, 김경무
디자인	이현수, 한수희, 김민하, 김윤주, 허지혜	제작	박기성, 황동현, 구성우, 장홍석
마케팅	김회란, 박진관, 조하라, 장은별		
출판등록	2004. 12. 1(제2012-000051호)		
주소	서울특별시 금천구 가산디지털 1로 168, 우림라이온스밸리 B동 B113~114호, C동 B101호		
홈페이지	www.book.co.kr		
전화번호	(02)2026-5777	팩스	(02)2026-5747

ISBN   979-11-6539-018-1 13630 (종이책)   979-11-6539-019-8 15630 (전자책)

이 도서의 국립중앙도서관 출판예정도서목록(CIP)은 서지정보유통지원시스템 홈페이지(http://seoji.nl.go.kr)와
국가자료공동목록시스템(http://www.nl.go.kr/kolisnet)에서 이용하실 수 있습니다.
(CIP제어번호: CIP2020001148)

내 취향대로 만드는  액세서리 레슨 북

커피 주문하듯,
코스튬 주얼리

최다영 지음

북랩 book Lab

호찌민의 작은 주얼리 공방

결혼 후 주재원인 남편을 따라서 오게 된 베트남 호찌민.
호찌민의 한인촌이라 불리는 푸미흥이라는 조용하고 예쁜 동네에서
좋은 지인분들을 만나 코스튬 주얼리 공방을 시작하게 되었습니다.

낯선 곳에서 뭔가를 시작한다는 두려움보다,
한국에서 쭉 해 왔고 애착을 갖고 있던 주얼리라는 분야의
경력이 단절되는 것이 더 두려웠던 저는
소소한 취미 삼아 클래스 커리큘럼을 만들어
수강생분들을 만나기 시작했습니다.

생각보다 많은 수강생분들이 공방을 찾아 주셨고,
아름다운 것들을 보고 만들고 아이디어를 나누면서
저도, 수강생분들도 너무 즐거운 시간을 보내며
현재까지 클래스를 이어 오고 있어요.

'어떤 이유가 나를 이렇게 오랫동안 이 일에 머물게 만들었을까?'
한국에서 바쁘게 일할 때는 해 본 적 없었던 생각이
클래스를 운영하면서 들기 시작했어요.
오직 이 일만을 위해서 미술 입시를 준비하고,
전공으로 삼아 공부를 하고 디자이너로, MD로 쭉 일해 왔던
저의 10대부터 30대에 이르기까지 한 번도 해 보지 않았던 생각이었습니다.

세심하고 여성스럽다는 얘기보다 무심하고 시크하다는 얘기를
더 자주 듣는 저이지만, 저는 천상 여자인 것 같아요.
예쁘고 반짝이는 것에 너무 마음이 끌리거든요.

그래서 선택한 이 일이 아직도 너무 재미있어요.

공방은 저와 같은 이유로 모인 수강생분들과

서로 힐링 에너지를 주고 받는

선순환의 공간이 되고 있습니다.

단지 일로만 생각했다면 지금까지 이 일을 해 왔을까 생각해 보면

그건 아니었을 것 같습니다.

힘든 날도 있었지만 주얼리는 제게 언제나 재미있고 늘 설레는 일이었기에,

이 즐거운 일을 단지 일이 아니더라도

더 많은 분들의 기쁨으로 알려드릴 수 있으면 참 좋겠다고 생각합니다.

예술이라는 게,

다가가지 못할 정도로 거창하고 대단한 건 아니라는 생각이 들어요.

내 머릿속에 있는 어떠한 것들을 창작해 내는 작업,

내 취향에 꼭 맞는 보석을 직접 만들어 착용하고

나의 이미지와 룩을 메이킹하면서

스스로를 더 빛나고 가치 있는 사람으로 만드는 일도

예술이라고 할 수 있겠죠.

참 매력적이지 않나요.

"금손이 아닌데 괜찮을까요? 손으로 만드는 건 한 번도 해 본 적이 없어요."

클래스 수강생분들이 처음 오셔서 가장 많이 하시는 얘기예요.

이렇게 말씀하신 분들 모두가 2~3주만 지나면

누구보다 반짝이는 아이디어와 디자인을 무수히 쏟아 내시고

보통의 손으로도 너무 멋진 작품을 창작하는 예술가가 되어 계시더라고요.

팩트 체크는 해보지 않았지만,

오래전 교수님이 우스갯소리로 하셨던 얘기를 아직도 기억하는데요.

'인간은 몸에 옷보다 장신구를 먼저 걸쳤다',

'가난한 나라의 여인들도 몸에 목걸이나 귀걸이 하나씩은 다 착용하고 있을 것이다',

'지구상에 인류가 있는 한 주얼리는 망하지 않는다'라는,

대충 이런 내용들이었던 것 같아요.

웃어넘겼는데 지금 생각해 보니
본능적으로 아름다움에 이끌리는 것이 인간이라는 맥락에서
너무 와닿는 말이라 그대로 수강생분들께도 자주 전달해 드리고 있어요.

코스튬 주얼리를 취미만으로 즐겨도 너무 좋지만,
속 편하게 취미 생활할 여유가 없다고 생각하시는 분들께도
위의 이유로 꼭 익혀 보시길 추천드릴게요.

알수록 성취감과 재미가 무궁무진한 '인생 취미'가 되실 거예요.
어쩌면 제2의 직업이 될 수도 있겠죠.
공방의 수강생분들 중 꽤 많은 분들이
실제로 자신의 브랜드를 만들어 주얼리 작가로 활동하고 계세요.

이 책은
뭔가 대단한 기술을 알려드리고 잘난 체하기 위해 만든 게 아니에요.
가능한 한 제가 전해 드릴 수 있는 것을 다 알려드리고 싶지만
이 책 한 권에 모든 제작 스킬을 담아 내는 것에도 한계가 있을 거고요.

다만, 이 책을 들고 계신 분들의 인생에
주얼리라는 매력 있는 분야의 취미를 알려드리고
함께 해 보시기를 제안 드리면서
조금 더 설레고 반짝이는 일상을 가져 보시길 바라는 마음입니다.

2020년 1월

최다영

목차

Basic 1

준비할 것

코스튬 주얼리 도구

—

"코스튬 주얼리를 제작할 때 꼭 필요한 도구들이에요. 이 도구들만 있다면 머릿 속에 있는 어떤 주얼리든 만들 수 있습니다. 단순해 보이는 도구들이지만 생각 보다 다루기 어려운 것들이 있어서 적은 힘으로도 수월하게 조작하기 위해선 바 르게 사용할 수 있는 방법을 손에 익혀 습관을 들이는 게 중요한데요. 바른 도구 사용법은 다른 챕터에서 좀 더 디테일하게 다루기로 하고, 이번 시간에는 먼저 도구의 명칭과 용도를 소개할게요."

① **평집게**: 가장 많이 사용하는 도구 중 하나예요. 소재를 집을 때 사용해요.

② **침집게**: 평집게와 외형은 비슷하지만 집게를 벌렸을 때 안쪽에 침이 붙어 있어요. 체인의 홀을 넓히거나 펀칭할 때 사용합니다. 침의 반대쪽은 침이 통과될 수 있도록 구멍이 뚫려 있으며, 침의 형태는 원뿔형으로 안쪽으로 들어갈수록 구멍이 넓게 뚫리는 구조로 되어 있습니다.

③ **9자말이 집게**: 론델형의 소재(통과형 구멍이 뚫려 있는 꾸밈 재료: 20페이지의 '론델' 설명 참고)에 핀을 꽂아 고리를 만들 때 사용하는 집게예요. 숫자 9 모양의 고리를 만든다고 해서 '9자말이'라는 이름이 붙었어요. 집게의 양쪽이 모두 둥근 형과 한쪽만 둥근 형이 있으며 모두 9자말이를 말기 위한 목적의 도구이므로 본인에게 맞는 것으로 선택해서 사용하시면 됩니다.

④ **니퍼**: 소재 절단 시 사용하는 도구예요. 니퍼로 소재를 자를 때 니퍼의 끝으로 꼬집듯이 잡으면 잘 잘리지 않습니다. 절단하고자 하는 부분을 집게의 중간 지점에 놓고 집어 주어야 수월하게 자를 수 있어요.

⑤ **핀셋**: 손이나 집게로 작업하기 힘든 작은 소재를 다루거나 섬세한 작업을 해야 할 때 사용합니다.

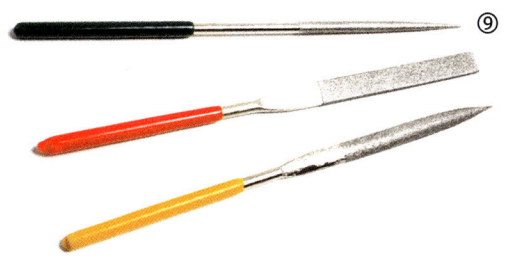

⑥ **작업판(서비스판):** 작은 재료들이 굴러 떨어지거나 분실되지 않게 하기 위해 올려두고 작업할 수 있는 트레이입니다.

⑦ **에폭시본드(레진):** 코스튬 주얼리에서 소재를 접착할 때에 대체로 에폭시 본드를 사용합니다. 두 가지의 제형을 혼합하여 사용하며 혼합하기 전에는 액체 상태가 유지되며 굳지 않습니다. 두 가지 제형을 일대일 비율로 짜서 섞어 준 뒤 접착하고자 하는 부분에 발라 일정 시간 동안 기다리면 시간이 지나면서 액체 상태였던 본드가 플라스틱처럼 딱딱하게 굳어져 소재와 소재를 단단하게 접착합니다. 섞은 뒤 본드가 경화되는 속도에 따라 5분, 30분, 60분, 90분 등 다양하게 판매되며, 작업량이 많거나 시간이 오래 걸리는 작업이 아니라면 일반적으로 5분 에폭시를 주로 사용합니다.

⑧ **순간접착제:** 에폭시본드로 작업하기에 부적합한 소재의 경우 순간접착제를 활용합니다. 안전하게 브러시가 포함되어 있는 공예용 순간접착제가 있어서 편하게 사용할 수 있어요.

⑨ **줄(File):** 니퍼 절단면을 안전하고 매끄럽게 다듬을 때 필요한 도구입니다.

⑩ **O링 반지(작업 반지):** 각각 두께가 다른 긴 구멍이 뚫린 반지예요. 엄지나 검지의 마디에 끼워 O링을 열고 닫을 때 빠르고 쉽게 작업할 수 있게 하기 위해 사용합니다.

코스튬 주얼리 소재

—

"시장에는 수도 없이 많은 부자재 종류들이 있고 이런 소재로도 주얼리가 될까 하는 유니크한 재료들도 판매되고 있어요. 재료의 바탕이 되는 소재의 재질이나 특징에 대해 알고 있으면 원하는 느낌의 좋은 재료를 고를 수 있는 눈을 갖게 됩니다. 다양한 소재를 활용해 뻔하지 않은 특별한 주얼리를 만들 줄 아는 작가가 된다면 더 좋겠죠."

실버

골드와 함께 귀금속으로 분류되어 가격대가 높지만 색감과 광택이 고급스럽고 알레르기가 없는 금속이에요. '정은' 또는 '스털링 실버'라 불리는 법적 순도 92.5% 함량의 것이 주로 사용되며, 이것은 99.9% 순은보다 단단하고 변색이 잘 되지 않으며 형태가 잘 유지된다는 장점이 있습니다.

실버는 공기 중에 방치되면 표면이 검게 산화변색이 되는 특징이 있어 보관에 주의를 요하는 소재입니다. 사용하지 않는 실버 액세서리는 반드시 공기가 통하지 않는 폴리백이나 OPP 봉투에 담아 밀봉하여 보관하여야 변색을 방지할 수 있습니다.

변색이 된 실버는 은 세척액이나 약품을 천의 표면에 코팅해서 닦아 사용할 수 있게 만든 실버 폴리싱 클로즈(실버 광 천)을 이용하면 다시 하얗게 세척이 가능합니다.

실버 클리너액

실버 폴리싱 클로즈

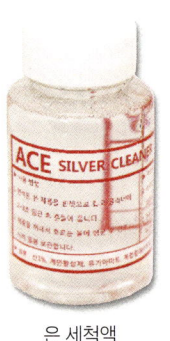

은 세척액

브라스(적동)

실버 다음 단계의 고급 금속이에요. 단단하고 도금의 광택
과 제품의 퀄리티가 잘 표현되어 명품 브랜드에서도 장식이
나 코스튬 액세서리 라인에 주로 사용하는 금속입니다.

글라스

반짝임과 투명함이 좋은 글라스 소재는 주로 인조 보석으로 제작되어 판매되고 있습니다.

아크릴

산뜻한 색감 표현과 가벼운 무게로 사이즈가 큰 디자인을 만들 때 사용해도 부담 없는 소재입니다. 투
명과 불투명 모두 표현이 가능한 재료입니다.

호마이카

아크릴과 비슷한 느낌이지만 조금 더 무게감이 있고 고급스러운 느낌을 주는 소재입니다. 내열 플라스틱 소재를 호마이카라 칭하며 반투명이나 불투명으로 표현되고 스톤 대용 또는 프레임으로 제작되어 판매됩니다.

가죽

코스튬의 매력 중 하나는 사용하는 소재의 제한이 없는 무궁무진함이라는 점을 들 수 있을 것 같아요. 다양한 캡이나 장식을 활용해서 시중에 나와 있는 가죽 소재로도 유니크한 디자인을 할 수 있어요.

우드

따뜻하고 감성적인 느낌을 주는 소재로 펜던트, 론델, 프레임 등 다양한 디자인으로 만들어져 판매되고 있습니다.

패브릭

가죽과 마찬가지로 유니크하고 특별한 무드를 주는 주얼리에 활용해 볼 수 있어요. 리본이나 레이스 등 패브릭 소재를 활용해서 여성스럽고 시선이 가는 특별한 주얼리를 제작해 보면 자신감도 생겨서 작업 가능한 디자인의 범위가 좀 더 확장되는 걸 느끼실 거예요.

코스튬 주얼리 꾸밈 재료

—

"시장에 나와 있는 재료들은 트렌드를 반영해 매 시즌마다 바뀌어요. 새로운 아이템들이 쏟아져 나오죠. 그런데 그 가운데서도 오랫동안 사용되고 유행을 타지 않는 클래식 아이템들이 있어요. 주얼리를 만들 때 반드시 필요한 바탕 재료들도 있고요. 유행에 민감한 패션 주얼리에 필요한 재료의 큰 카테고리를 소개할게요. 그때그때 달라지는 트렌드 재료들과 디테일은 시장으로 가셔서 직접 찾아보고 골라 보세요. 시장 사장님들한테 추천도 받아 보시고요. 수천 가지 재료를 구경하는 재미에 시간 가는 줄 모르실 거예요."

체인

다양한 두께와 디자인으로 구입할 수 있습니다. 디자인에 따라 어떤 아이템에든 활용할 수 있는 소재입니다. 일정 길이로 절단해서 판매되거나 미터 길이로 쭉 연결되어 롤에 감겨 있는 체인을 원하는 길이만큼 끊어 구입할 수 있습니다.

체인은 법적으로 정한 무게 이상의 힘이 가해지면 끊어지도록 만들어지는데(인장력), 착용한 상태로 당겨져 목이나 팔을 조르거나 생명을 해치는 무기로 사용되는 경우가 없도록 하기 위함입니다. 따라서 사용 중 어딘가에 걸렸을 때 순간적인 강한 힘으로 당기면 끊어진다는 점에 유의해 사용해 주셔야 합니다.

줄난

스톤이 물려진 난집을 줄 형태로 쭉 이어 놓았다고 해서 '줄난'이라고 불러요. 화려하고 화사한 디자인을 할 때 사용하면 반짝반짝 존재감있는 주얼리가 됩니다. 절단해서 원하는 길이만큼 사용하는데 연결고리가 없는 줄난의 경우 줄난 전용 캡을 사용해서 캡의 양쪽 혹은 사방의 난발로 줄난의 가장 끝 유닛을 고정해 고리를 만들어 씁니다. 규격이 나뉘어 있어 사용하는 줄난의 높이와 사이즈에 따라 그에 맞는 규격의 캡을 선택해 사용합니다.

펜던트

디자인 자체에 고리가 있어 연결하거나 체인 등에 걸 수 있도록 제작된 재료를 칭합니다.

커넥터

위와 아래에 모두 고리나 구멍이 있어 소재와 소재를 연결하는 중간 디자인으로 쓰이는 재료입니다.

론델

고리 없이 구멍이 관통하는 통과형 소재 전체를 칭합니다.

귀걸이 훅 / 귀걸이 포스트 & 클러치

귀걸이 제작 시 귀에 걸 수 있도록 하는 재료로 갈고리 형태의 훅 타입과 링 타입, 침형의 포스트 타입 등이 있습니다. 포스트의 보디 부분은 다양한 디자인으로 판매되고 있어 원하는 디자인의 조합으로 선택해 만들어 볼 수 있습니다.

귀걸이 침 구입 시 대부분 무료로 제공되는 실리콘 클러치 외에도 실버 클러치, 디스크 클러치 등 적합한 뒤 장식을 고를 수 있습니다.

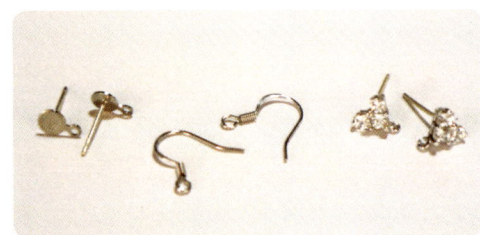

스와로브스키 스톤

오스트리아의 크리스털 제품 제조업체로 유명한 스와로브스키사에서 제조해서 판매하는 스톤입니다. 론델과 펜던트, 부착형 스톤 등의 다양한 디자인으로 출시되어 있어요. 가격대는 높지만 고급스럽고 다양한 색감과 반짝임이 남달라 인조 보석 중 최고로 꼽힙니다. 동대문 액세서리 시장에도 정품 스와로브스키 판매 매장이 있어 구입이 가능해요.

유색 천연 보석

리치하고 고급스러운 작품을 만들 때 활용하면 좋은 소재입니다. 저마다 다른 자연의 내포물과 천연 보석 각각의 스토리도 있고요. 특유의 프리즘을 닮은 광학 효과를 뿜어내는 보석들도 있으니 관심이 있으시다면 다양한 천연 보석의 이름도 알아보고 사용해 보면서 천연 보석을 공부해 보시는 것도 좋을 거예요.

천연 보석의 종류와 색이 상당히 다양해서 천연 보석의 세계를 알게 되면 자연에서 얻은 그 아름다운 색감과 다채로움으로 헤어나올 수 없는 매력에 빠지실 거예요.

진주

고상하고 여성스러운 느낌을 주는 보석으로 코코 샤넬이 사랑한 매력적인 보석인 진주는 워낙 다양한 종류가 나오고 진주만 취급하는 매장도 있을 정도로 코스튬 주얼리 시장에서 많이 쓰이는 소재라서 따로 소개할게요.

퀄리티 높고 내추럴한 느낌의 작품을 디자인 할 때는 주로 고급 담수 진주를 사용하며, 그 외에도 핵진주, 글라스 진주, 아크릴 진주 등의 인조 진주 종류가 있습니다. 최근에는 스와로브스키 사에서 크리스탈 핵을 내장해 천연에 가까운 무게감과 스크래치에 강한 내구성, 완벽한 구형을 재현한 고퀄리티의 인조 진주를 출시했고 이는 가성비가 좋은 진주로 많이 사용되고 있습니다.

코스튬 주얼리용 부자재

—

"수강생분들이 집에서 실습하실 때 만들려고 보면 막상 어떤 작은 부자재 한두 가지가 부족해 만들지 못하는 경우가 많다는 얘기를 자주 하세요. 예뻐서 사 둔 좋은 메인 소재가 있어도 만들지 못하면 쓸모가 없겠죠. 제작에 막힘이 없도록 하기 위해서 작지만 꼭 갖추어 두어야 할 재료들을 소개할게요."

9핀 / T핀

고리가 없는 론델형 소재에 끼워 연결 가능한 고리를 만들 때 사용합니다. 핀 한쪽에 숫자 9자 모양으로 말려 있는 핀은 '9핀'이라고 부르고, 납작한 접시형 판이 붙어 있는 핀은 세웠을 때 알파벳 T 형태로 보인다고 해서 'T핀'이라고 부릅니다. 9자말이 집게를 활용하여 고리를 말아 줍니다. 다양한 길이와 두께로 나와 있으므로 필요한 것으로 선택해 사용하면 됩니다.

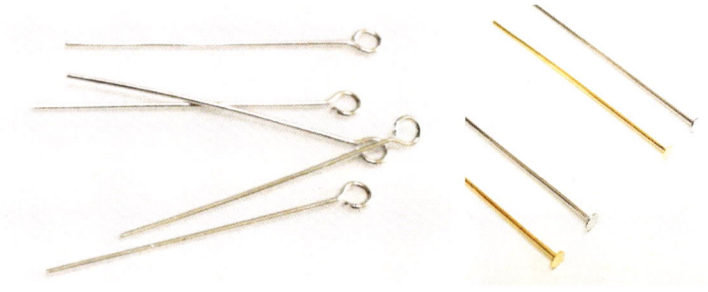

O링

알파벳 O와 닮았다고 해서 O링이라 부릅니다. 이음매가 있어 평집게와 O링 반지를 사용해 열고 닫을 수 있으며 소재끼리 연결할 때 사용하는 가장 기본적인 재료입니다. 다양한 사이즈로 나와 있어 필요한 크기를 구입해 사용하실 수 있습니다.

와이어(은선 / 동선)

섬세하고 고급스러운 핸드메이드 느낌을 내기 좋은 재료입니다. 고리가 없는 론델이나 옆구멍 재료를 사용할 때 연결 O링을 만들어 사용하기도 하고 와이어 자체를 디자인에 다양하게 활용하며 소재와 소재를 연결할 수 있습니다. 0.3㎜부터 1㎜ 이상인 것까지 다양한 두께로 나와 있어 필요한 두께를 선택해서 사용할 수 있어요.

실리콘 줄

다양한 두께로 판매되며 통과시키고자 하는 론델의 홀 사이즈에 맞게 골라 사용할 수 있습니다. 주로 론델형 재료를 통과시켜 360도 뱅글 팔찌나 반지를 제작할 때 사용됩니다.

로브스터(lobster) 장식 / SR 장식

목걸이, 팔찌, 발찌 등의 아이템의 끝에 달아 잠글 수 있도록 하는 장치예요.

A바, 조정자(꼬리줄)

잠금 장치와 한 조로 사용되며 꼬리줄을 사용하면 길이 조절이 가능합니다.

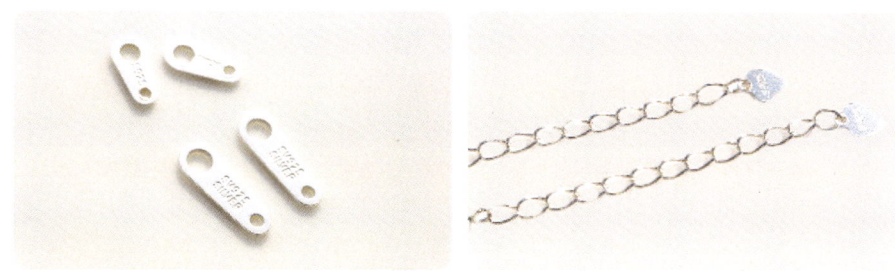

각종 끝 캡

고리가 없는 소재에 고리를 만들어 걸거나 론델의 구멍 부분을 장식할 수 있게 하기 위한 재료들이에요.

본딩을 하거나 집어서 고정이 되도록 하는 등 종류에 따라 적합한 방법으로 체결해 줄 수 있습니다. 디자인과 사이즈가 다양하게 나오므로 캡을 사용할 소재의 구멍 사이즈나 무게 등을 고려하여 적합한 것으로 매칭해서 사용합니다(O링 지프, 고정 캡, 줄난 캡, 우산 캡 등).

 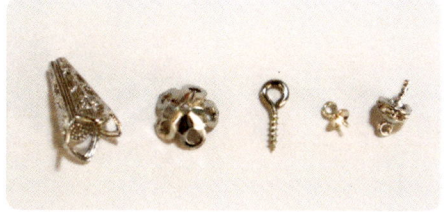

액세서리 도금의 종류

—

"금속이나 비금속의 표면에 다른 금속이나 합금의 얇은 층을 입히는 것을 도금이라고 합니다. 도금의 목적은 부식 방지, 표면 마모 방지, 표면 광택 증가, 색과 광택 개선을 통해 액세서리를 아름답게 만드는 것입니다. 금이나 은 외의 비철금속은 거의 대부분 도금 과정을 거쳐 판매되며 귀금속으로 분류되는 금과 은도 디자인에 따라 도금을 올리기도 합니다. 도금을 한 표면의 색과 광택은 시간이 지남에 따라 벗겨지게 되며 사용 기간, 착용 시 마찰의 정도나 보관 방법 등에 따라 벗겨지는 속도는 다르지만 끝까지 지속되지는 않습니다. 도금이 벗겨진 후에는 재도금을 하는 것으로 광택과 색을 되돌릴 수 있어요"

플래시 도금(옐로우 컬러, 화이트 컬러)

시장에서 흔히 말하는 일반 도금을 뜻하며 화학 작용에 의해서 단지 금색, 또는 은색으로 보이는 것을 말합니다. 도금 가격이 매우 저렴하며 실온에서 7일 정도밖에 유지되지 않습니다.

금 도금(옐로우 컬러)

실제 순금을 섞은 도금액을 표면에 얇게 입히는 방법으로 첨가제를 넣어 14K, 18K로 골드 색상을 조절합니다.

전기 도금(옐로우 컬러, 화이트 컬러, 핑크 컬러, 블랙 컬러 등)

대부분의 도금이 전기 금 도금 방식으로 이루어집니다. 금속의 음극과 양극을 활용하여 전기를 통하게 하여 표면에 붙게끔 하는 방법으로 금, 은, 구리, 니켈 등의 다양한 금속을 사용할 수 있습니다.

로듐 도금(화이트 컬러)

로듐은 5가지 백금족(플래티늄, 로듐, 팔라듐, 루테늄, 이리듐, 오스뮴)을 활용하여 백색으로 표면을 입히는 전기 도금 방법이며 액세서리에 쓰이는 여러 도금들 중 내구성이 가장 높습니다. 가격이 비싸기 때문에 로듐과 비슷한 색과 광택의 IR(Imitation Rhodium) 도금이 생겼으나 알레르기에 약하고 내구성이 좋지 않아 이와 구별하기 위해 백금족을 사용한 오리지널 로듐 도금을 OR로 명칭해서 구분하고 있습니다.

니켈 도금(화이트 컬러)

도금 시 착색이 매우 잘되며 변색이 더디고 광택이 뛰어나 타 업종에서는 선호하나 주얼리에서는 알레르기를 일으키는 원인이 되는 저가형 도금이라 잘 사용하지 않습니다. 간혹 캡이나 작은 부속이 니켈 도금으로 제작되어 나오기도 하지만 몸에 직접 닿는 메인 재료들은 주로 어두운 색을 띠고 광택은 떨어지나 알레르기 반응이 없는 무니켈 도금을 활용합니다.

버니쉬 도금(앤티크 효과를 주는 도금)

기본 금속이 무엇인지에 따라 은 버니쉬, 동 버니쉬, 금 버니쉬 등으로 분류하며 앤티크 도금이라고도 불립니다. 전기 도금법 중 맨 마지막 단계에서 표면을 약품 처리로 검게 태우고 연마제로 곱게 벗겨내면 굴곡은 검고 표면은 어두운 골드 컬러를 띠는데 여기에 식물성 수지로 재코팅하여 알레르기가 없고 내구성을 높이는 도금법으로 고풍스럽고 고급스러운 느낌을 줍니다.

Basic 2

알아둘 것

재료 구입하기

—

"코스튬 액세서리 반제품, 부품 판매처로는 많이 알고 계시는 동대문, 남대문, 종로 등 직접 방문해서 눈으로 확인하고 구입할 수 있는 매장들도 있지만 최근 들어서는 다양한 온라인 사이트들을 통해 집에서도 취향에 맞게 예쁘고 퀄리티 좋은 재료들을 손쉽게 구입할 수 있어요. 사실 품질 좋고 고급스러운 소재와 예쁜 디자인의 재료를 잘 사입할 줄 알아야 좋은 작품이 나오기 때문에 재료 구입은 자신만의 스타일과 취향을 드러내면서도 트렌드도 반영되어야 하고 재료 간의 조화도 잘 이루어지도록 머릿속에 그리면서 진행되어야 하는, 코스튬 주얼리 제작에 있어 가장 기본이 되는 중요한 부분입니다. 하나하나 예뻐서 구입했지만 막상 조합을 해 보려고 하면 혼자 튀거나 어디에 매치해야 할지 난감한 재료들이 많아서 손을 대지 못하고 있다 하시는 분들이 많아요. 자주 시장에 나가셔서 사입 연습을 통해 자신에게 맞는 매장과 구입처를 찾아내는 과정이 필요해요. 많이 사고 만들다 보면 질 좋은 재료를 골라내는 눈을 갖게 되실 거예요."

동대문 종합시장 5층

구입 수량이 적어도 판매가 이루어지며 소매 고객들도 편안하게 쇼핑을 할 수 있는 곳이에요.

5층에 도착하면 엘리베이터에서 내리자마자 수많은 재료와 완제품을 판매하는 매장이 즐비하게 늘어서 있으며 A, B, C, D동으로 분류되어 미로처럼 이어져 있습니다.

가장 최신의 트렌드를 반영하며 글라스 스톤, 펜던트, 실버 부자재, 론델, 레이스, 원석 등 각 매장마다 대표적으로 판매하는 상품들이 매대에 진열되어 있어 원하는 재료를 쉽게 찾을 수 있습니다. 길이 복잡하므로 마음에 드는 점포를 발견하면 다시 찾아가기 쉽게 명함을 챙겨 두는 것이 좋습니다.

(서울 종로구 종로 272 동대문종합시장 신관 / 02-2262-0114)

▶ 소개해 드리는 매장은 트렌드에 따라 시즌별 주력 상품이 달라질 수 있으니 동대문을 가시면 쇼핑을 하면서 본인의 취향에 맞는 점포를 찾아보시기를 추천해요.

- **A5066 하비마켓**: 비교적 매장의 규모가 넓고 기본적인 코스튬 도구와 원석, 비즈 등 다양하고 많은 재료를 한곳에서 고르고 구입할 수 있습니다.
- **A5182 래빗**: 호불호 없고 다양한 글라스 스톤을 활용한 펜던트들을 주로 판매합니다.
- **A5183 참고은**: 다양한 비즈, 글라스 스톤을 고르실 수 있습니다.
- **B5012 경림상사**: 다양한 디자인과 두께의 미터체인을 구입할 수 있는 매장입니다.
- **B5088 프라이어**: 알레르기 없는 귀금속 실버로 제작한 부자재를 주로 판매합니다.
- **B5066 리본TAE**: 다양한 리본과 패브릭 소재가 잘 정리되어 있는 매장입니다.
- **B5123 고인돌**: 수백 가지의 원석과 천연 보석을 판매하는 매장입니다.
- **C5065 슬라임31**: 키치한 에나멜 펜던트와 귀여운 장식들을 구입할 수 있는 곳입니다.

종로3가

고가의 귀금속, 귀보석을 취급하며 주로 도매 거래가 이루어지므로 사업장이 없거나 소량 구입이라면 거래가 어려운 곳이 많습니다. 그중 적은 수량도 부담 없이 구입 가능한 곳 몇 군데를 소개해 드릴게요.

- **승진 실버하우스**: 은 전문점이에요. 동대문에는 다양한 종류의 실버 제품을 판매하는 매장이 적고 주로 액세서리 비철금속의 메탈들을 주로 취급한다면, 이곳에서는 실버로 제작된 상당히 많은 종류의 제품들을 쇼핑할 수 있습니다. 체인, 펜던트, 론델 등의 메인 재료뿐 아니라 캡, 장식, O링 지프 등의 실버 부자재도 쉽게 구입 가능해요.

(서울 종로구 돈화문로6나길 22-4 / 02-765-2648)

- **삼정재료:** 다양한 공예 도구 및 간단한 실버 반지나 귀걸이 재료를 구입할 수 있습니다.

(서울 종로구 종로3가 33 단원빌딩 2층 / 02-744-7580)

- **재원사:** 주로 주얼리용 케이스와 디스플레이 용품을 판매합니다. 공예 도구나 독특한 귀금속 용품들도 구비되어 있어 아이쇼핑만으로도 즐겁고 재미있는 아이템들을 볼 수 있는 매장입니다.

(서울 종로구 돈화문로6가길 20 / 02-747-5990)

목걸이/팔찌/발찌/반지 기성 사이즈란?

—

"목걸이, 팔찌, 발찌는 각각 기성 사이즈라고 하는 표준 길이가 있어요. 코스튬은 착용자의 사이즈와 취향에 따라 맞춤 제작하는 것이 기본이지만, 대부분 본인의 사이즈를 잘 모르시는 경우가 많아서 기성 길이를 알아두면 본인의 사이즈를 모를 경우에도 기성 길이를 참고로 길이 조절 체인을 활용해서 늘임과 줄임이 가능하게 제작할 수 있고 이후 판매 상품을 제작할 때에도 도움이 될 수 있어요. 아이템별 사이즈 표 정리해 드릴게요(가상의 표준 체형을 기준으로 업계에서 정리한 사이즈입니다. 개인마다 다를 수 있으니 실제 본인 사이즈를 체크하는 것이 가장 좋습니다. 이 표는 참고로 활용해 주세요)."

목걸이 기성 사이즈

- 카라(목선에 올라오는 가장 짧은 목걸이):
  36.5㎝
- 초커(쇄골 위쪽에 착용하는 짧은 길이의
  목걸이): 40.6㎝
- 프린세스(쇄골라인 근처로 위치하는 일
  반적인 길이의 목걸이): 45.7㎝
- 마티니(가슴골 근처로 드롭되는 약간 긴
  타입의 목걸이): 50.8~61㎝
- 오페라(가슴골 아래로 드롭되는 롱 목걸
  이): 76.2㎝
- 로프(명치 아래까지 내려가는 롱 목걸이):
  83.8㎝

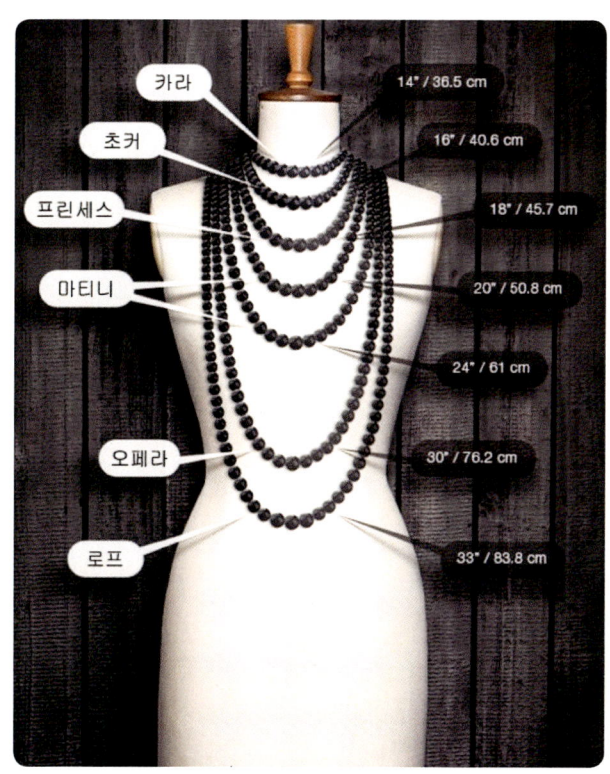

반지 기성 사이즈

호수	둘레(㎝)	호수	둘레(㎝)	호수	둘레(㎝)
1	4.4	11	5.4	21	6.4
2	4.5	12	5.5	22	6.5
3	4.6	13	5.6.	23	6.6
4	4.7	14	5.7	24	6.7
5	4.8	15	5.8	25	6.8
6	4.9	16	5.9	26	6.9
7	5.0	17	6.0	27	7.0
8	5.1	18	6.1	2	7.1
9	5.2	19	6.2	29	7.2
10	5.3	20	6.3	30	7.3

팔찌 기성 사이즈: 17㎝

발찌 기성 사이즈: 22㎝

<반지 사이즈 재는 법>

준비물

- 줄자 이용 시: 줄자
- 종이와 자 이용 시: 종이, 자, 가위, 펜

1. 줄자를 이용한 반지 사이즈 재기

① 재고자 하는 손가락의 둘레를 줄자로 둘러 0점이 가리키는 길이를 확인합니다. 이때 재야 할 부위는 손가락 마디가 아닌 실제 반지가 착용될 위치입니다.

2. 종이와 자를 이용한 반지 사이즈 재기

① 종이를 얇고 길게 잘라줍니다. 자른 종이의 높이가 손가락의 마디를 넘기지 않도록 합니다.

② 반지를 착용할 손가락에 둘러 종이의 끝과 만나는 지점을 펜으로 표시해 줍니다. 종이를 손가락에 두를 때는 반지가 착용되었을 때 편안한 정도가 되도록, 너무 조이거나 느슨해지지 않게 감습니다.

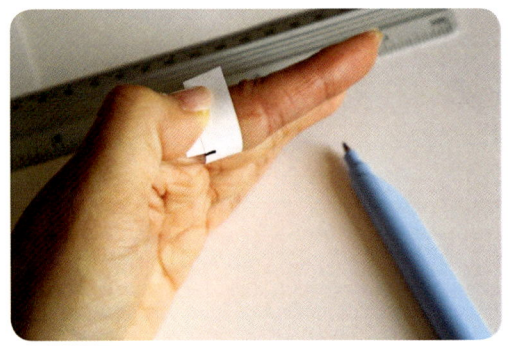

③ 종이를 길게 펼쳐 펜으로 표시한 부분까지의 길이를 자로 확인한 후 반지 기성 사이즈 표에서 길이에 해당하는 호수를 확인합니다.

기본 기술 익히기

—

"코스튬 주얼리는 기본적으로 부자재라고 하는 재료들을 가장 아름다운 매칭으로 디자인해서 적합한 방법으로 연결하는 것을 기본으로 합니다. 재료와 재료를 연결하는 방식에는 다양한 방법이 있으며 각각의 방법마다 사용되는 도구도 달라집니다. 그리고 도구마다 적은 힘으로도 쉽게 조작할 수 있는 방법이 있어요. 저희 수강생분들은 오시자마자 이 도구 사용법을 먼저 배우시게 되는데요. 별것 아닌 것 같지만 알려드리는 방법대로 하지 않으시고 당장 편한 잘못된 방법으로 조작을 하시는 경우가 많아요. 그러면 잘못된 방법이 습관이 되고 작품의 완성도도 떨어지지만 무엇보다 어깨와 목에 무리도 많이 와서 금방 지치게 되고 앞으로의 주얼리 작업에 상당히 방해가 돼요. 처음에는 조금 힘들고 어색하실 수 있지만 꼭 알려드리는 올바른 방법으로 조작하실 수 있도록 주의하셔서 바른 조작법이 편해질 수 있도록 습관을 들여 주세요. 작은 오브제를 작업하는 일이라 만들다 보면 작업 부분이 내 눈에 안 보이는 위치로 숨거나 가려지는 경우가 있어요. 기본적으로 작업하고자 하는 부분이 항상 내 눈에 보일 수 있는 방향과 위치로 손과 집게를 세팅해 두고 만든다는 생각을 하면서 제작해 주세요."

O링 연결

- O링 반지와 평집게를 사용하여 재료를 연결하기

O링은 소재와 소재를 연결하는 가장 기본이 되는 부품이에요. 이때 O링 반지를 활용하면 빠르고 쉽게 O링을 여닫을 수 있어요.

① 사용하고자 하는 O링의 측면 두께를 고려해서 O링 반지의 홀을 결정하고 왼손의 엄지나 검지의 마디에 착용해 주세요. (물론 왼손잡이이신 분은 반대쪽 손에 착용해 주시면 됩니다.)

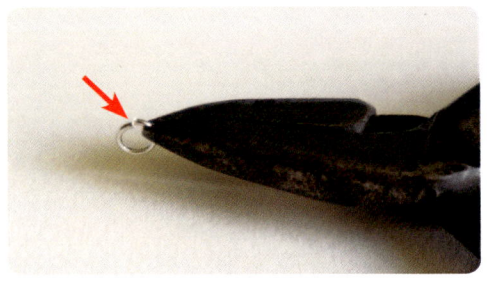

바르게 잡은 예   잘못된 예

② 반지 착용 후 평집게로 O링을 잡아 줍니다. 이때 O링의 이음매에 가까운 위치를 잡아 줍니다. 이음매에서 멀게 잡으면 O링을 열면서 링이 과하게 휘어져서 다시 닫았을 때 링이 울 수가 있어요. (O링을 잡은 집게는 누가 O링을 잡아당겨도 뺏기지 않을 만큼 꽉, 단단히 잡아 주셔야 손이 다치거나 O링이 집게에서 떨어지지 않아요.)

③ O링을 집으셨다면 마디에 착용한 O링 반지의 홈으로 O링을 끼워 넣는데 이때에도 이음매에 가까운 부분이 O링 반지 홀 바깥쪽 가까이에 오도록 해서 열리는 부분이 눈에 잘 보일 수 있게 위치시켜 주시고요. 그대로 집게와 반지를 반대쪽으로 틀어서 열어 줍니다. 반지의 홀은 O링 두께와 딱 맞지 않는 경우가 더 많아서 O링을 O링 반지의 뚫려 있는 틈 쪽으로 지지하거나 치대서 걸리도록 하려고 하면 오히려 미끄러지면서 이음매가 벌어진 O링의 뾰족한 부분에 손

가락이 찢어지거나 다칠 수 있어요. 집게는 집게대로, O링 반지는 반지대로 서로 기대거나 지지하지 않고 O링을 O링 반지의 틈에 넣어 그대로 틀어서 벌리는 작업만 한다는 느낌으로 열어 줍니다.

④ 열린 O링은 그대로 집게로 잡아 둔 상태에서 O링에 연결할 부품들을 걸어 주세요.

⑤ 열 때와 같은 방법으로 O링 반지에 O링을 넣어 그대로 닫아 주고 이음매를 꼭 맞춰 줍니다. (만약 O링 반지로 닫았을 때에 이음매가 정확히 맞지 않는다면 양손에 평집게와 침집게를 들고 O링 이음매가 딱 맞도록 조여 주세요.)

⑥ O링으로 체인과 펜던트가 연결되었습니다.

9자말이

- 론델 소재에 핀과 9자말이 집게를 사용하여 고리 만들어 주기

9자말이 집게를 이용해서 고리를 말아 주는 방법입니다. 일반적으로 고리가 없는 양구멍 론델에 고리를 만들어 줄 때 주로 활용합니다. 작업 방법을 보여드리면 금방 이해하시는 듯하지만 막상 해 보시면 마음 같이 예쁘게 말기가 어려워요. 단단한 금속을 손과 집게로 조작해야 하니 손에 힘도 많이 들어가고요. 코스튬 주얼리를 만들 때 기본이 되는 스킬이므로 예쁜 9자를 말 수 있도록 연습을 많이 해 주세요.

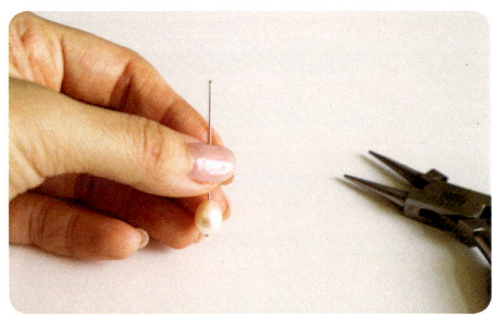

① 고리를 만들고자 하는 론델 소재를 핀에 끼워 넣어 준비합니다.

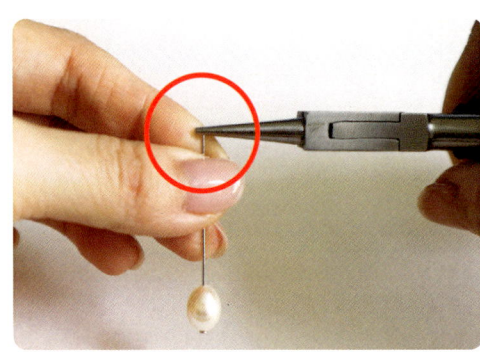

바르게 잡은 예

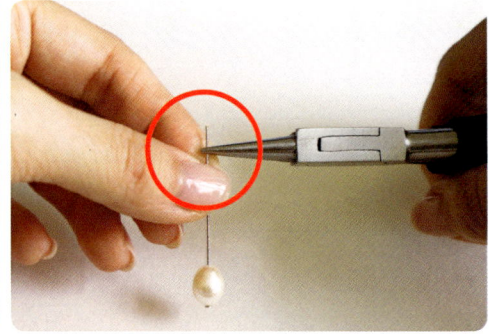

잘못된 예

② (오른손잡이 기준) 오른손에 집게를 잡고 손등을 위로 향하게 위치시킵니다. 왼손은 고리를 말아 줄 핀을 꽉 잡아 주는데요. 너무 아래쪽을 잡게 되면 9자를 말면서 핀대 자체가 휘어져 버리므로 위쪽을 잡고 작업해 주세요. 집게로 핀을 잡을 때는 최대한 집게의 위쪽으로 남는 길이가 없게 위쪽을 바짝 잡고, 집게와 핀의 각이 직각이 되도록 합니다.

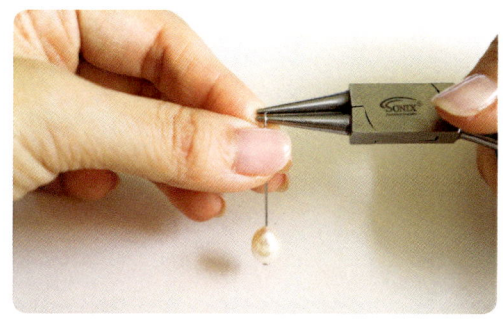

③ 집게의 원뿔 지름에 따라 만들어질 고리의 지름이 달라집니다. 원하는 사이즈의 O링에 맞는 원뿔 위치를 찾아 9자를 말아 줍니다.

②의 상태로 손과 집게 위치를 세팅해 놓은 상태에서 손목의 스냅을 사용해 굴려 말아 줍니다. 스냅이 더 이상 말려 들어가지 않아 팔꿈치가 들리는 상태가 되면 팔꿈치를 움직이지 않고 스냅으로만 작업할 수 있도록 집게를 벌려 준 뒤 그대로 다시 손의 위치를 핀을 말기 전의 자리로 위치시킵니다. 이때 시작한 원뿔의 위치를 지켜 주세요. (원뿔의 지름이 도중에 달라지면 O링이 휘어지거나 구형이 아닌 타원형이 되거나 각이 생기게 되어 예쁜 O링을 만들기 어려워요.)

이 작업을 반복하면서 핀의 끝 부분이 핀대와 이음매가 만나는 곳까지 올 수 있게 말아 주세요.

★ 9자말이 작업 시, 손등을 위로 향하게 하고 O링을 말 때는 반드시 O링이 걸리는 곳이 본인의 몸 쪽이 아닌 몸 바깥쪽의 원뿔이 되게 유지해 주세요.

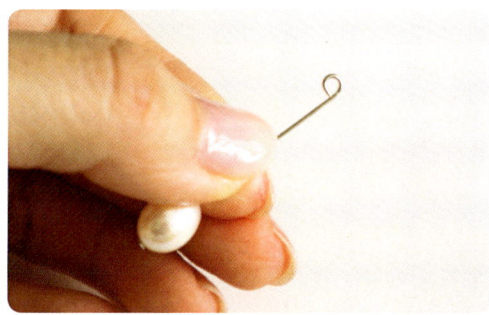

④ 핀을 말아서 이음매를 맞췄다면 지팡이같이 한쪽으로 치우친 9자 형태가 완성될 거예요.

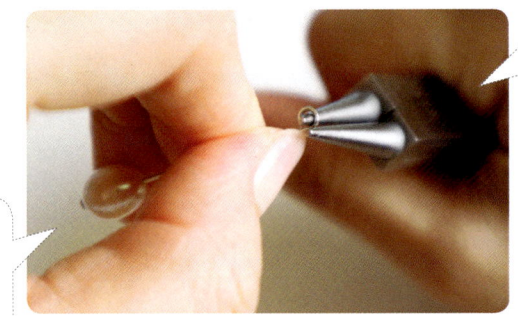

집게를 잡은 손은 스냅을 이용해 손톱이 누르는 힘의 반대쪽으로 꺾어 올려 줍니다.

손톱으로 집게 표면을 지지해 핀을 눌러 줍니다. 지렛대 원리를 이용하는 것입니다.

⑤ 이 상태로 소재를 걸게 되면 중심을 벗어나 치우친 O링에 연결되었기 때문에 밸런스가 맞지 않게 되어 드롭의 움직임이 틀어지고 부자연스러워집니다. 핀대를 기준으로 만들어진 O링이 중심에 위치할 수 있도록 말았던 반대 방향으로 꺾어 줍니다.

의외로 이 작업을 어려워하세요. 반대쪽으로 꺾으면서 말아 둔 O링이 다시 열려 버리는 일이 자주 생기기 때문인데요, 그러지 않기 위해서 손톱으로 꺾어 줄 이음매 부분을 고정하고 O링에 9자말이 집게의 원뿔을 꽉 차게 집어 넣어 틈이 없이 잡아 줍니다. 손톱으로 이음매를 밀고 집게는 반대 방향으로 당겨 주면 에지(Edge) 있게 O링이 펴지지 않고 필요한 부분만 꺾어 줄 수 있어요.

O링을 핀대의 중심으로 꺾어 주는 작업을 해서 완성합니다.

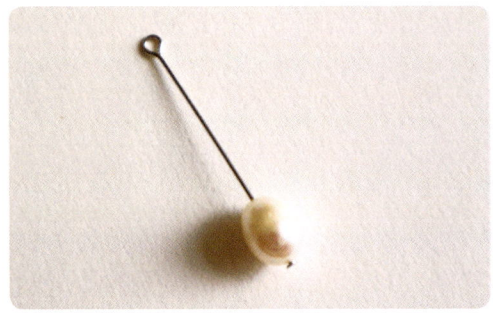

⑥ 핀을 활용한 9자말이로 론델 담수진주에 고리를 만들어 주었습니다.

본딩

- 에폭시 본드로 소재와 소재를 접착하기

일반적으로 주얼리 제작에 사용하는 본드는 에폭시(레진)이라고 하는 접착제예요.

두 가지 제형을 일대일 비율로 섞으면 서서히 굳으면서 접착이 되는 본드입니다. 굳는 시간에 따라 5분, 15분, 30분, 60분 등 다양하게 나와 있는데요. 많은 작업을 오래 해야 하는 디자인이나 대량 생산의 경우 천천히 굳는 접착제를 선택하시면 좋고요. 빠른 시간에 완성시켜야 하는 작업의 경우는 5분을 사용합니다. 공방에서는 수업 시간 내 굳혀서 다음 작업을 이어가야 하기 때문에 5분을 사용해요.

단순히 접착의 목적 외에도 에폭시를 활용하면 다양한 방법으로 디자인 응용이 가능한 좋은 재료가 되기 때문에 에폭시로 여러 가지 작업을 해 보면 창작할 수 있는 디자인의 시각이 넓어질 거예요.

① 접착할 재료와 에폭시 본드를 준비합니다. 스카치테이프 혹은 OPP비닐 등 코팅이 되어 있는 종이 위에 A 와 B 제형을 가능한 한 일대일 비율로 짜 줍니다. 조직감이 있는 일반 종이에 짜게 되면 기름기가 퍼지고 스며들어 제대로 섞이지 않고 금방 굳거나 바닥에 끈적이는 본드가 묻으므로 주의합니다. (에폭시는 두 개 제형을 섞기 전에는 경화되지 않습니다.)

② 스틱으로 잘 섞어 줍니다.

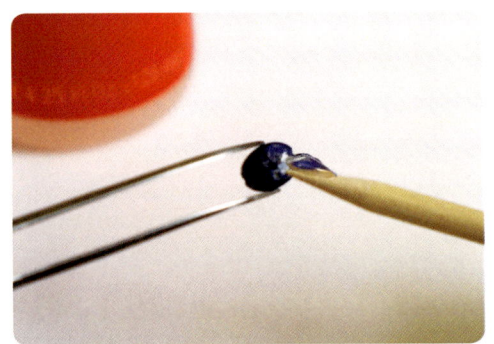

③ 적당량의 본드를 스틱으로 떠서 접착할 부분에 발라 붙일 재료 위에 올려 줍니다. 투명하게 굳기 때문에 약간의 넘침은 크게 거슬리지 않지만 과하게 사용해서 밖으로 많이 넘치지 않게 주의합니다. 반대로 너무 적은 양을 사용하면 금방 떨어질 수 있습니다.

④ 본드의 경화 시간에 따라 완전히 굳을 때까지 기다립니다. 완전히 굳어 소재 간의 접착이 단단히 되었다면 에폭시 본드를 활용한 본딩 완성입니다.

와이어링

- 와이어(은선/동선)를 사용해서 론델 소재에 고리 만들기

고급스러운 핸드메이드 무드를 연출할 수 있는 재료입니다. 얇고 약해서 핀이 들어가지 않을 정도의 구멍이 작은 론델에도 활용할 수 있고 손으로도 원하는 형태로 조작이 가능하다는 장점도 있지만 작업을 제대로 해 주지 않으면 잘 끊어질 수도 있어 조심스럽게 다루어야 하는 재료예요.

집게로 와이어를 너무 꽉 집어 눌리게 하거나 비틀고 접는 힘을 강하게 하면 잘 끊어지므로 주의합니다.

- 양구멍 론델의 와이어링 고리 만들기

① 롤에 감긴 와이어를 적당한 길이로 잘라 준비합니다.

② 핀을 9자말이할 때와는 다르게 와이어링을 할 때는 말아 줄 위치를 바로 9자말이 집게로 잡고 집게 위에 와이어가 길게 나오게끔 집어 주어야 작업이 수월합니다. 집게 위의 와이어로는 O링을 만들고 스프링을 감아주기에 넉넉할 만큼의 길이가 나와 있어 주어야 합니다. 와이어는 핀보다 얇고 약하기 때문에 9자말이 집게로 잡았을 때 너무 손에 힘을 세게 주어 와이어가 꾹 눌리지 않게 주의합니다.

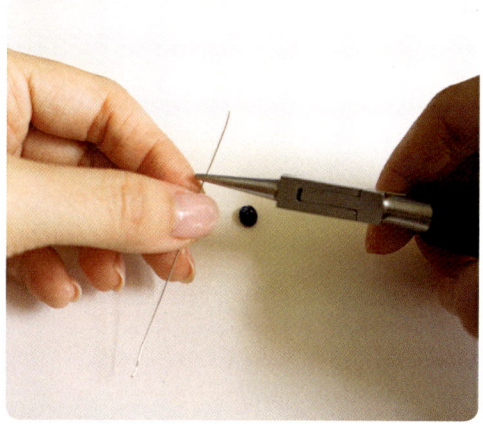

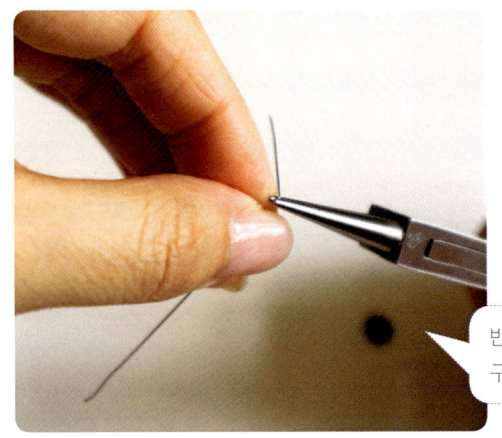

③ 9자말이 집게로 위치를 정해서 와이어를 잡아
   주었다면 손목 스냅을 이용해서 원의 반쪽을 그
   린다는 느낌으로 밖으로 돌려 말아 줍니다.

> 반원을 그린다는 느낌으로
> 구부리겠습니다.

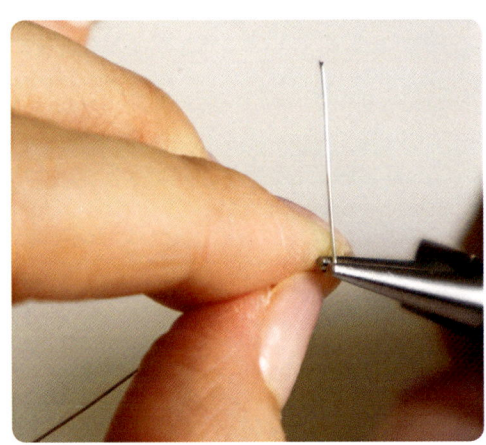

④ 반원이 그려진 와이어를 손톱으로 살짝 눌러 꺾
   어 줍니다. 원을 그린 반대 방향으로 각을 넣어
   준다는 느낌으로 해 주시면 됩니다. 핀을 9자말
   이할 때는 마지막에 O링을 꺾어 중심을 잡아 줬
   다면, 와이어링을 할 때는 만들면서 에지(Edge)
   를 넣어 미리 만들어질 O링의 중심을 잡아 주면
   서 스프링을 말 때도 꺾어 준 각을 지지해서 좀
   더 촘촘하게 말 수 있도록 하기 위한 장치를 만
   들어 주는 과정입니다.

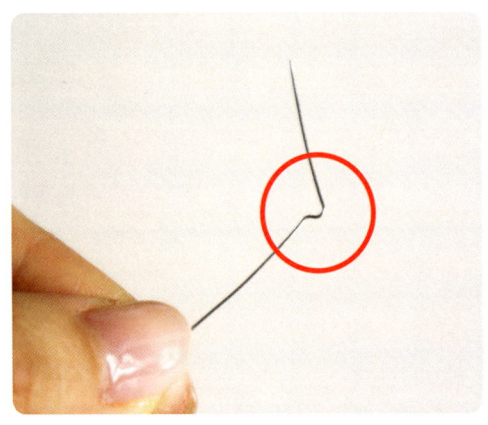

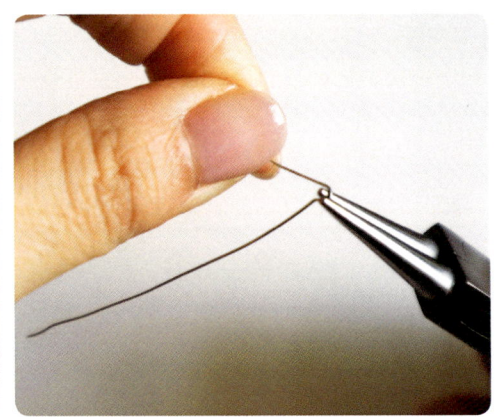

⑤ 반원을 그린다는 느낌으로 구부려졌습니다. 손톱으로 에지(Edge)를 넣어 준 후, 집게 위쪽 남은 와이어를
   마저 9자말이 집게에 감아 원을 완성해 줍니다.

⑥ 원이 완성되었다면 꺾어 놓은 각에서부터 감아
　　내려간다는 느낌으로 촘촘히 스프링을 만들어
　　주세요.

⑦ 스프링이 완성됐습니다.

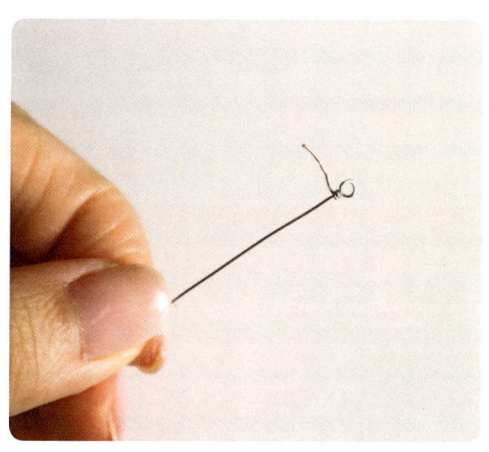

⑧ 원하는 만큼 스프링을 감아 O링을 완성했다면
　　남은 와이어 길이는 니퍼로 바짝 잘라 줍니다.

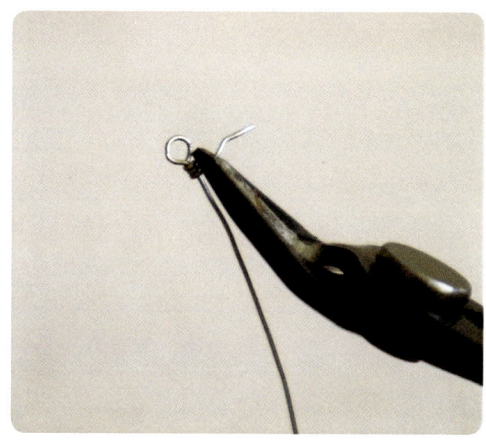

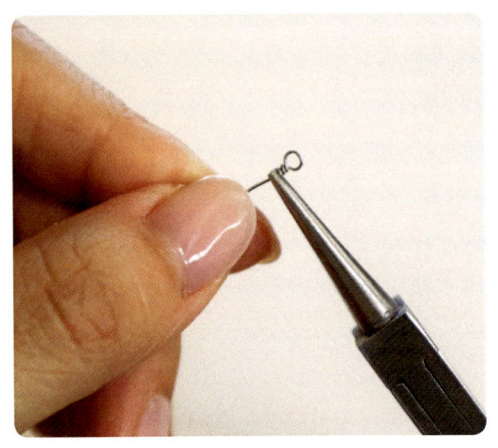

⑨ 뾰족하게 튀어나온 단면은 평집게나 9자말이 집게로 도장을 찍듯이 콩콩 눌러 마저 감아 옷 이나 피부에 걸려 다치지 않게 처리해 줍니다.

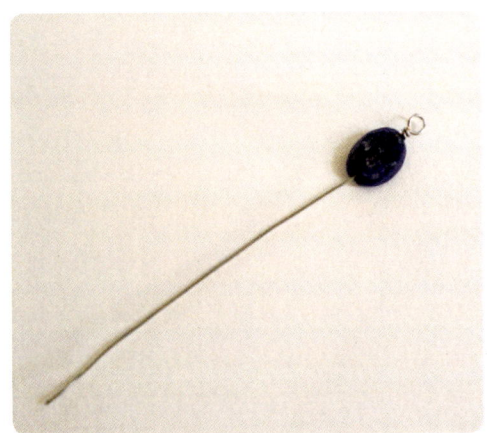

⑩ 한쪽 O링이 완성됐습니다.

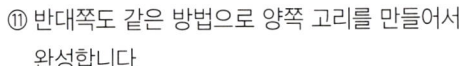

⑪ 반대쪽도 같은 방법으로 양쪽 고리를 만들어서 완성합니다.

- 옆구멍 론델의 와이어링 고리 만들기

① 옆구멍 론델 원석과 롤에 감긴 와이어를 적당한
   길이로 잘라 준비합니다.

② 와이어를 구멍으로 통과시켜서 반으로 접어 줍
   니다.

③ 두 가닥의 와이어가 붙을 수 있게 평집게로 잡
   고 돌려서 적당한 높이의 스크류를 만들어 줍
   니다.

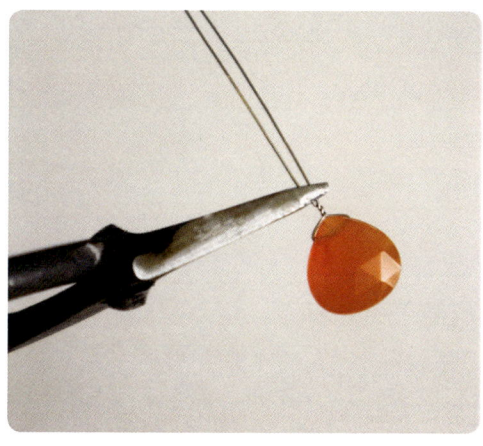

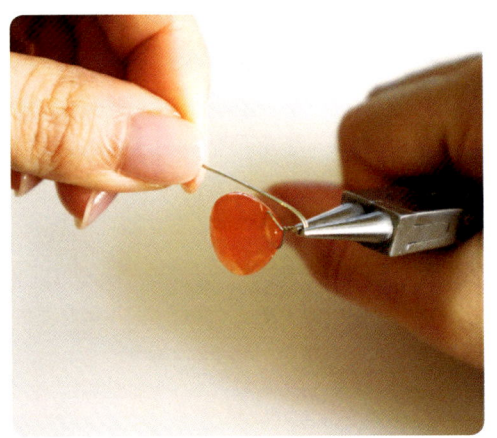

④ 9자말이 집게로 두 가닥의 와이어를 동시에 잡고 스냅으로 돌려 줍니다.

⑤ 와이어로 스프링을 감아 스크류를 가려 줍니다.

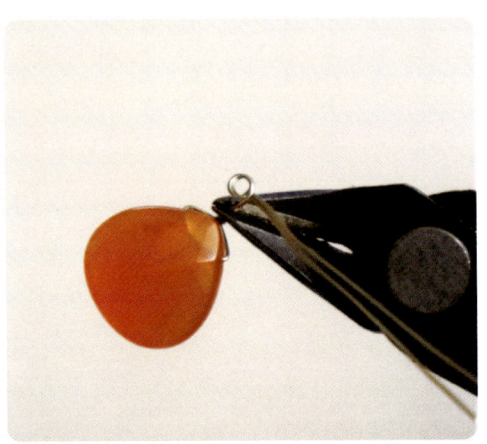

⑥ 남은 와이어는 니퍼로 바짝 잘라냅니다.

⑦ 뾰족한 부분은 집게로 눌러 마무리합니다.

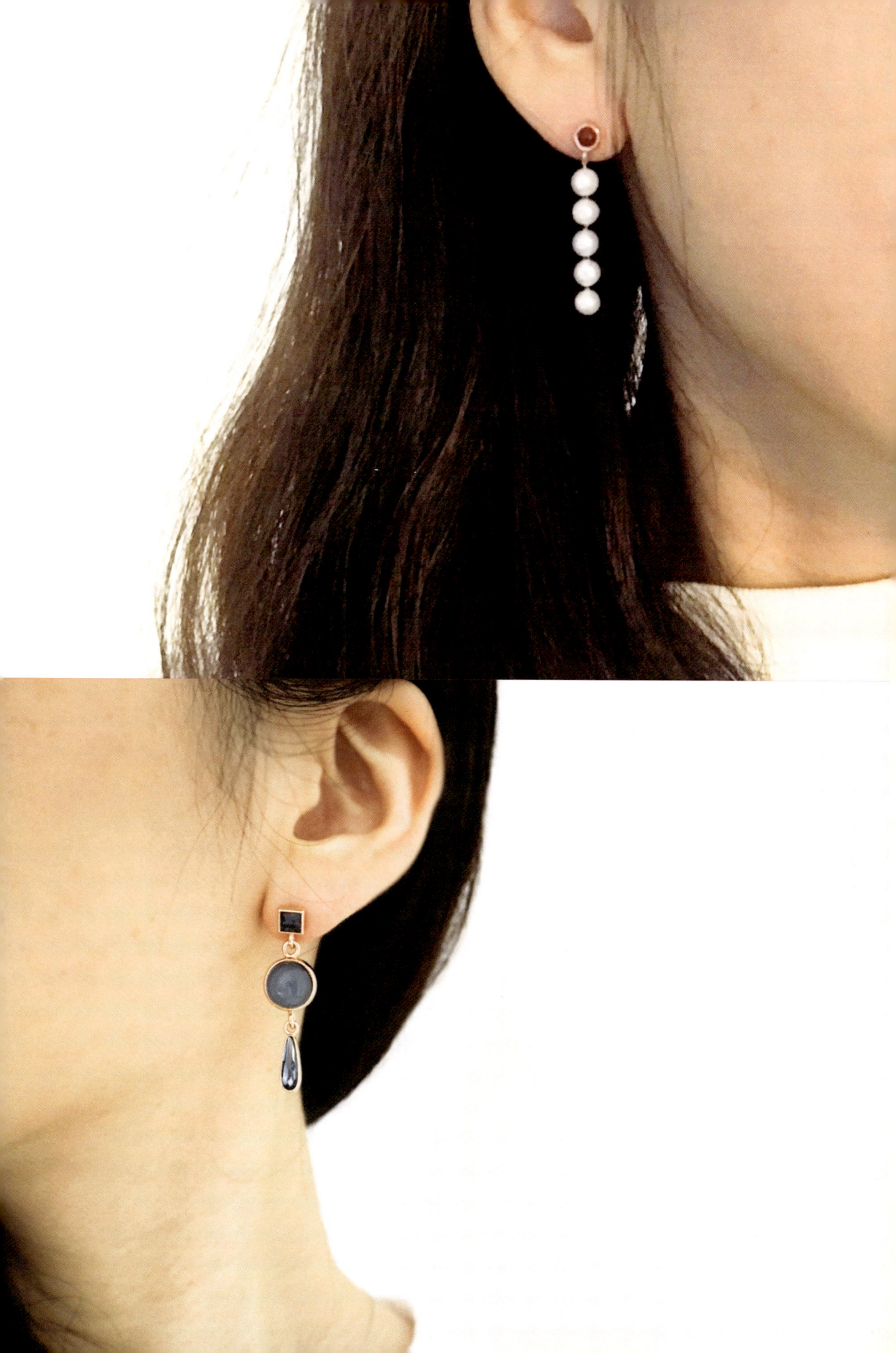

재료와 도구를 갖추셨다면
취향을 반영한 나만의 코스튬 주얼리를 제작해 보실 차례예요.
좀 더 완성도 있게 제작하실 수 있는 팁과
두고두고 사용해도 질리지 않을 계절별 아이템을 준비했어요.

코스튬 주얼리는
소재 바잉도 중요하지만 촌스럽지 않은 재료 간의 조합과
완성 후의 밸런스가 가장 중요하다고 생각해요.
애써 만든 작품이 만들어 놓고 보니 맘에 들지 않는다든가
어딘가 부자연스러워서 손이 가지 않는다면 노력이 소용없어지겠죠.

제작 스킬만큼이나 디자인 구상과 순서도 중요한데요.
잘 그린 그림이 아니더라도 간단한 스케치를 통해
소재의 길이 체크나 소재 간 결합 방법을 정리한 후에 작업에 들어가면
망쳐서 버려지는 재료를 줄일 수 있고,
좀 더 수월하면서 실패 없는 작업을 하실 수 있어서
수강생분들과의 수업에서는 항상 도면 수업도 따로 진행해요.
도면 없이 바로 제작에 들어갔을 때 사소한 부분이라도 실수가 생기기 때문에
스케치 작업을 사전에 하시고 제작하는 것을 꼭 추천드릴게요.

소개해 드리는 작품별 제작 방법과 소소한 팁을 참고하셔서
좋아하는 디자인의 재료를 응용해
단 하나뿐인 여러분만의 주얼리를 완성해 보세요.

Class 1

봄의 주얼리

꽃이 피고
살랑살랑
바람이 기분 좋은
설레는 계절,

**봄에 어울리는
주얼리**

장식 없이 쉽게 착용할 수 있는, **데일리 실리콘밴드 뱅글**✦

재료

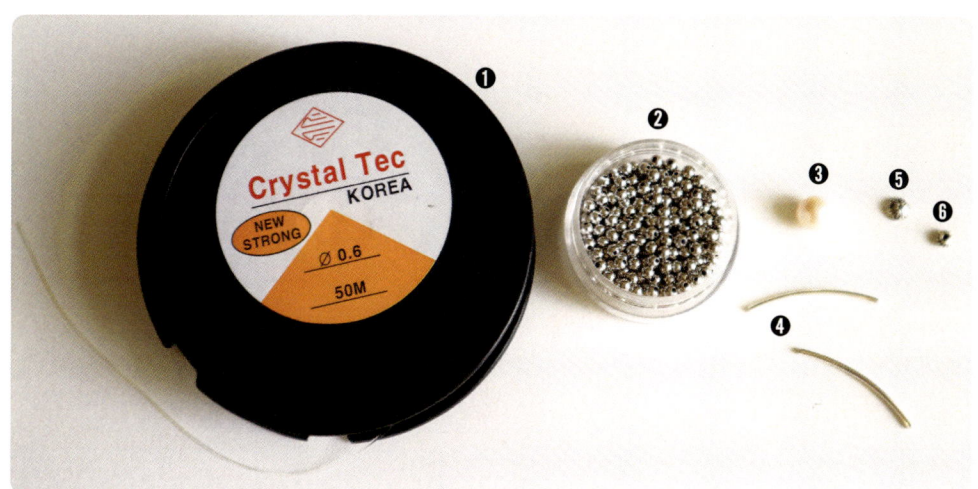

① 실리콘 줄0.6㎜
　　(론델의 홀 사이즈에 맞추어 줄 두께는 대체
　　가능해요. 단, 너무 두꺼운 줄을 사용하게 되면
　　완성 후 매듭 정리가 어려워집니다.)
⑥ 튜브 론델

② 실버볼 론델 3㎜
③ 담수 진주 8㎜
④ 실버 파이프(2개)
⑤ 진주캡

▶ 재료는 본인의 취향에 따라 대체 가능한 것으로 응용하실 수 있어요.

작업 과정

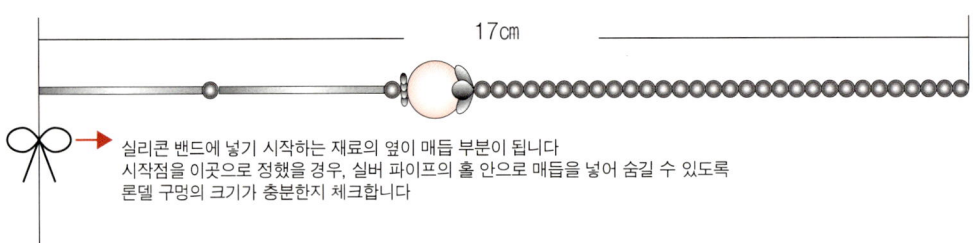

실리콘 밴드에 넣기 시작하는 재료의 옆이 매듭 부분이 됩니다
시작점을 이곳으로 정했을 경우, 실버 파이프의 홀 안으로 매듭을 넣어 숨길 수 있도록
론델 구멍의 크기가 충분한지 체크합니다

▶ **디자인 스케치상의 팔찌 길이는 기성 팔찌 둘레로 가정했을 뿐 참고용입니다. 본인의 손목 둘레를 실측해서 정확하게 잰 뒤 작업해 주세요.**

① 실리콘 줄을 적당한 길이로 잘라 준비합니다. 팔목의 길이가 약 17㎝라 가정했을 때 그의 두 배인 34㎝ 정도로 잘라 주시면 넉넉하게 작업하기 편안한 길이가 됩니다.

② 줄에 꿸 론델을 일렬로 배치해 디자인합니다. 론델을 쭉 이어서 디자인을 마쳤을 때의 길이가 손목 둘레의 길이를 채우도록 합니다.

③ 디자인을 마쳤다면 실리콘 줄의 한쪽 끝을 테이프로 붙여 줄에 꿴 론델이 반대쪽으로 빠지지 않도록 처리해 준 뒤 순서대로 줄에 론델을 넣습니다. 이때, 완성 후의 실리콘 줄의 마감 매듭을 론델의 홀 안쪽으로 넣어 안 보이도록 처리해서 완성도를 높이는 것이 좋으므로 디자인에 사용한 론델 중 홀이 가장 넓은 재료부터 줄에 꿰어 줍니다.

④ 론델을 모두 줄에 끼웠다면 손목에 둘러 길이를 체크한 뒤 양 끝을 묶어 줍니다. 그런데 이때 만약 지름이 큰 론델을 사용한다면 완성 시 뱅글 팔찌의 안지름이 줄어들어 손목에 타이트하게 조이거나 착용이 불편할 수 있습니다. 그러므로 론델을 쭉 이어서 꿴 뒤 실리콘 줄을 묶어 완성하기 전에 손목에 둘러 착용감을 테스트해 보고 묶어 주도록 합니다.

실리콘 줄이 끊어지는 것을 겁내며 완전히 묶이기 전에 마무리하시는 분들이 많습니다. 실리콘 줄은 매끄럽고 마찰이 없는 소재라서 잘 풀리기 때문에 단단히 묶이도록 타이트하게 두세 번 꽉 당겨 매듭지어 줍니다. 줄의 남은 끈 부분뿐 아니라 팔찌의 안쪽 밴드 부분도 당겨 보면서 잘 묶였는지 확인해 줍니다.

⑤ 실리콘 줄이 풀리지 않도록 에폭시 본드로 매듭 부분을 한 번 찍어 줍니다. 너무 많은 양을 바르면 매듭이 두꺼워져서 론델 안으로 넣어 마무리하기 어려워지니 적은 양을 매듭 위에 점 찍듯이 발라 줍니다.

⑥ 에폭시가 굳으면 가위로 남은 줄을 잘라 정리하고 론델의 안쪽으로 당겨 넣어 매듭을 숨겨 완성합니다.

재료

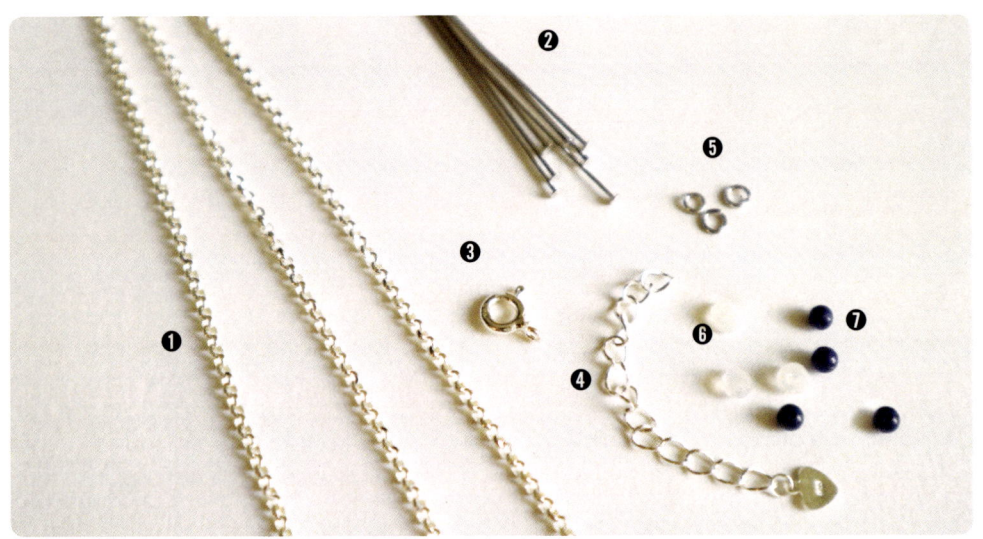

① 실버 비엘체인 1.5㎜   ② T핀   ③ SR 장식

④ 꼬리줄   ⑤ O링   ⑥ 문스톤 3㎜(3개)

⑦ 라피스라줄리 3㎜(4개)

▶ 재료는 본인의 취향에 따라 대체 가능한 것으로 응용하실 수 있어요.

작업 과정

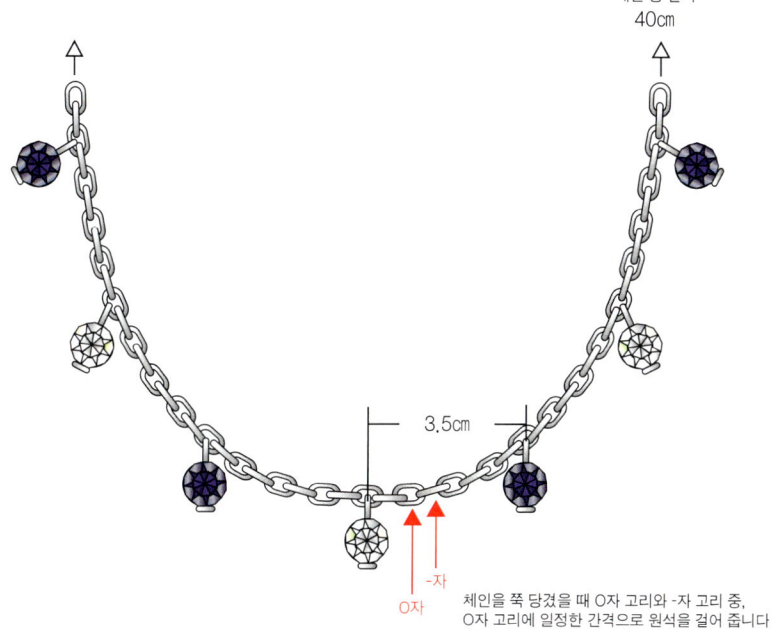

체인 총 길이
40㎝

3.5㎝

O자

-자

체인을 쭉 당겼을 때 O자 고리와 -자 고리 중,
O자 고리에 일정한 간격으로 원석을 걸어 줍니다

▶ 디자인 스케치상의 목걸이 길이는 기성 프린세스 길이로 가정했을 뿐 참고용입니다. 본인의 목 둘레를
   실측해서 원하는 길이로 정확하게 잰 뒤 작업해 주세요.

① 만들고자 하는 목걸이의 길이를 정해 미터체인을 니퍼로 잘라 준비합니다.
   '자른 체인길이 + SR 장식(약 1㎝)과 꼬리줄 길이(꼬리줄은 일반적으로 약 4㎝ 정도로 판매됩니다)'까지가 완
   성 후의 총 길이가 되므로 감안해서 길이를 정해 주세요.
   (예: 자른 체인 40㎝ + SR 장식 1㎝ + 꼬리줄 4㎝ = 총 길이 45㎝)

② 체인의 한쪽 끝에는 SR 장식의 O링을 열어 걸어 주고 맞은편 끝쪽에는 O링을 사용해 꼬리줄을 연결합니다.

③ 원석 론델에 T핀을 활용해 9자말이로 고리를 만들어 줍니다.

④ 원석과 원석 사이의 체인 거리를 일정한 간격으로 정하고 디자인 스케치상의 위치대로 론델의 9자말이
   고리를 틀어 열어서 체인 홀에 건 뒤 이음매를 잘 맞춰 닫아 줍니다.
   이때, 원석이 걸리는 체인의 홀은 디자인 스케치를 참고해서 모두 같은 위치의 유닛에 걸리도록 체크하여
   달아 주어야 완성했을 때 원석이 일제히 한 방향을 향하게 되어 완성도가 높아져요.
   (면 체인이라 불리는 커브 체인이나 특수 체인 외의 대부분 체인은 쭉 당겼을 때 아래 그림과 같은 구조로 유닛이
   연결되어 있어요.)

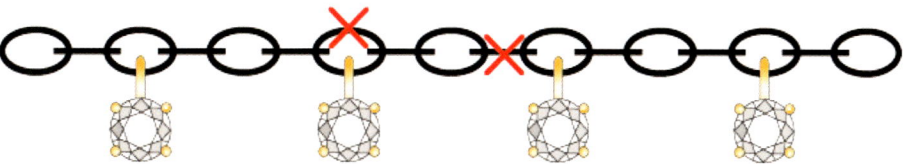

화사하고 상큼한 색감의 **그레이프 드롭 귀걸이**⁺

재료

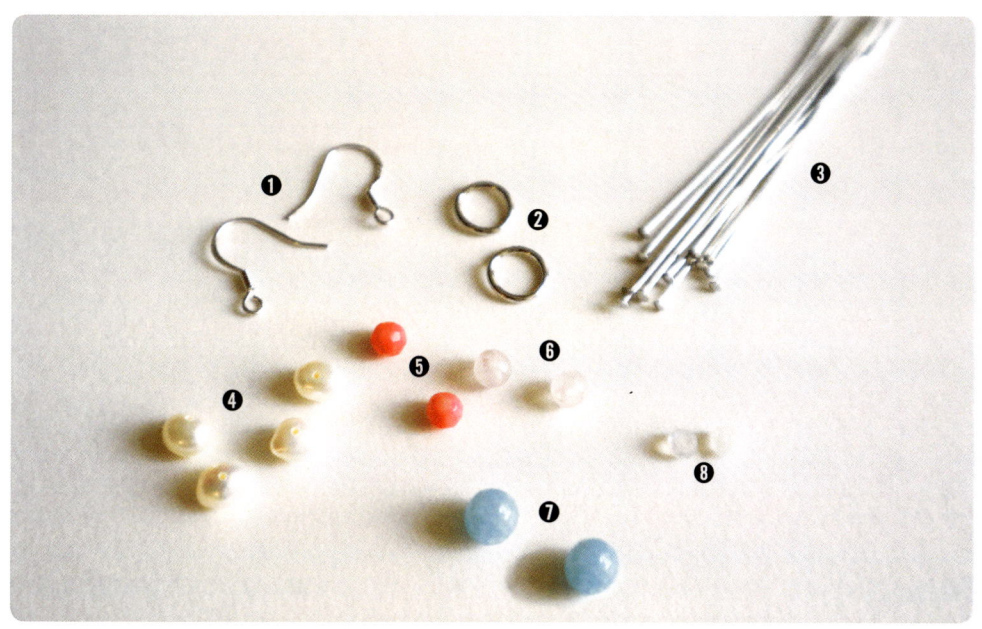

① 실버 귀걸이 훅(한 조)   ② 지름 1㎝ O링   ③ T핀
④ 담수 진주 5㎜(4개)   ⑤ 코랄 4㎜(2개)   ⑥ 로즈쿼츠 5㎜(2개)
⑦ 아쿠아마린 6㎜(2개)   ⑧ 문스톤 3㎜(2개)

▶ 재료는 본인의 취향에 따라 대체 가능한 것으로 응용하실 수 있어요.

작업 과정

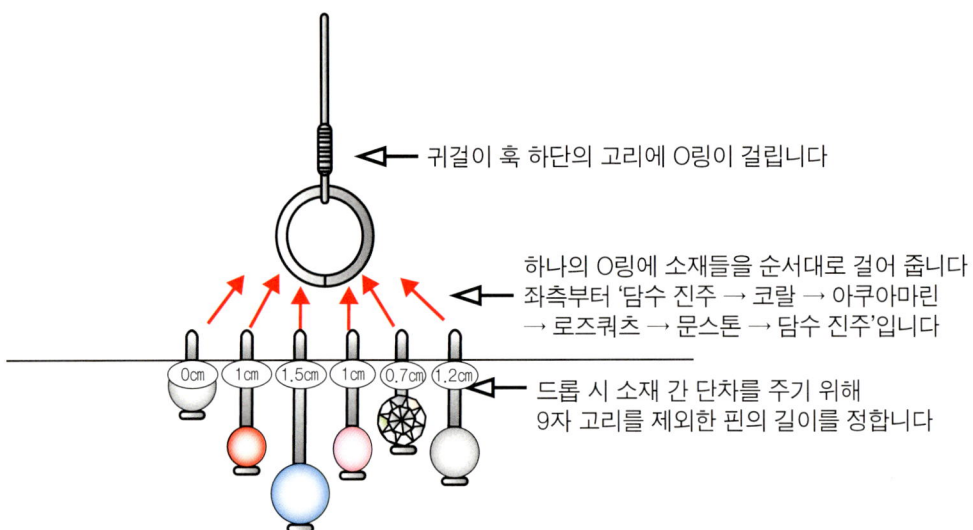

귀걸이 훅 하단의 고리에 O링이 걸립니다

하나의 O링에 소재들을 순서대로 걸어 줍니다
좌측부터 '담수 진주 → 코랄 → 아쿠아마린
→ 로즈쿼츠 → 문스톤 → 담수 진주'입니다

0cm 1cm 1.5cm 1cm 0.7cm 1.2cm

드롭 시 소재 간 단차를 주기 위해
9자 고리를 제외한 핀의 길이를 정합니다

① 원석 론델들의 구멍에 T핀을 꽂아 9자말이해서 고리를 만들어 줍니다. 이때, 예시 스케치처럼 원석 간의 드롭 길이가 차이 나도록 단차를 주어 디자인했다면 각 원석의 9자말이 핀 길이를 얼마나 남겨야 할지 계산해서 작업합니다.

① O링을 열어 9자말이한 원석들을 순서대로 걸어 줍니다.

③ 원석들을 건 O링을 이음매를 맞춰 잘 닫습니다.

④ 실버 훅의 아래 고리를 필요한 만큼만 틀어 열어 준 뒤, 3번의 O링을 걸고 이음매를 맞춰 다시 잘 닫아 완성합니다.
(실버는 소재 자체가 비철금속에 비해 무르기 때문에 과하게 틀거나 집게로 누르게 되면 끊어지고 손상되기 쉽습니다. 조심히 다루어 주셔야 합니다.)

손끝에 에지(Edge)를 주는 **줄난 포인트 반지**

재료

① 고리가 있는 반지밴드   ② 줄난 캡   ③ 줄난 -규격24p(3㎜)
④ T핀   ⑤ 스트로베리 쿼츠 6㎜   ⑥ 원뿔 스터드 펜던트
⑦ 블랙스피넬 3㎜   ⑧ O링

▶ 재료는 본인의 취향에 따라 대체 가능한 것으로 응용하실 수 있어요.

작업 과정

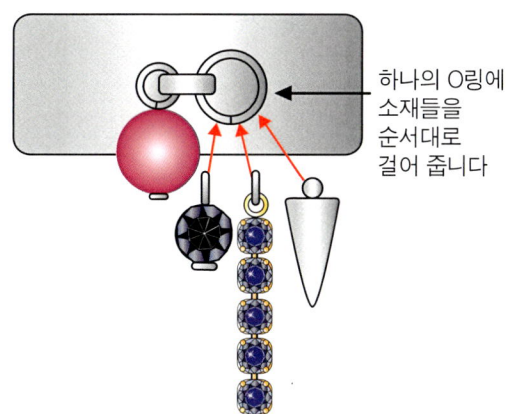

하나의 O링에
소재들을
순서대로
걸어 줍니다

① 줄난을 원하는 길이만큼 잘라 준비합니다.

② 줄난의 가장 끝 난집을 캡 안에 넣어 캡의 발을 알 쪽으로 접어 고정합니다. 캡에 줄난을 넣기 전 줄난 캡 위에 에폭시 본드를 약간 찍어 준 뒤 작업하면 좀 더 단단하게 고정이 되어 소재가 캡에서 탈락할 위험을 줄일 수 있습니다.

③ 스트로베리 쿼츠와 블랙스피넬 원석에 9핀을 꽂아 9자말이해서 고리를 만들어 줍니다.

④ 반지 밴드에 붙어 있는 고리의 크기를 고려해서 소재들을 달아 줍니다. 예시 디자인의 반지대는 O링 두 개까지 걸 수 있는 홀 사이즈의 고리를 가지고 있어요. 달아 줄 소재는 4개가 준비되어 있기 때문에 스트로베리 쿼츠를 반지 밴드 고리에 달고, 블랙스피넬, 캡을 붙이고 O링을 걸어 고리 방향을 맞춘 줄난, 메탈 펜던트 순으로 하나의 O링에 소재 3가지를 건 뒤 그 O링을 반지 밴드 고리에 달아 완성합니다.

줄난 캡 끼우기

① 줄난과 줄난 캡을 준비합니다.

② 줄난 캡에 에폭시 본드를 소량 점 찍듯이 발라 줍니다.

③ 줄난의 끝 유닛을 캡 위에 올려 본드가 굳을 때 까지 기다립니다.

④ 본드가 굳으면 캡의 양쪽 난발을 평집게로 조심히 접어 물려 줍니다. 과한 힘이 가해지면 알이 깨질 위험 이 있으므로 주의해 주세요.

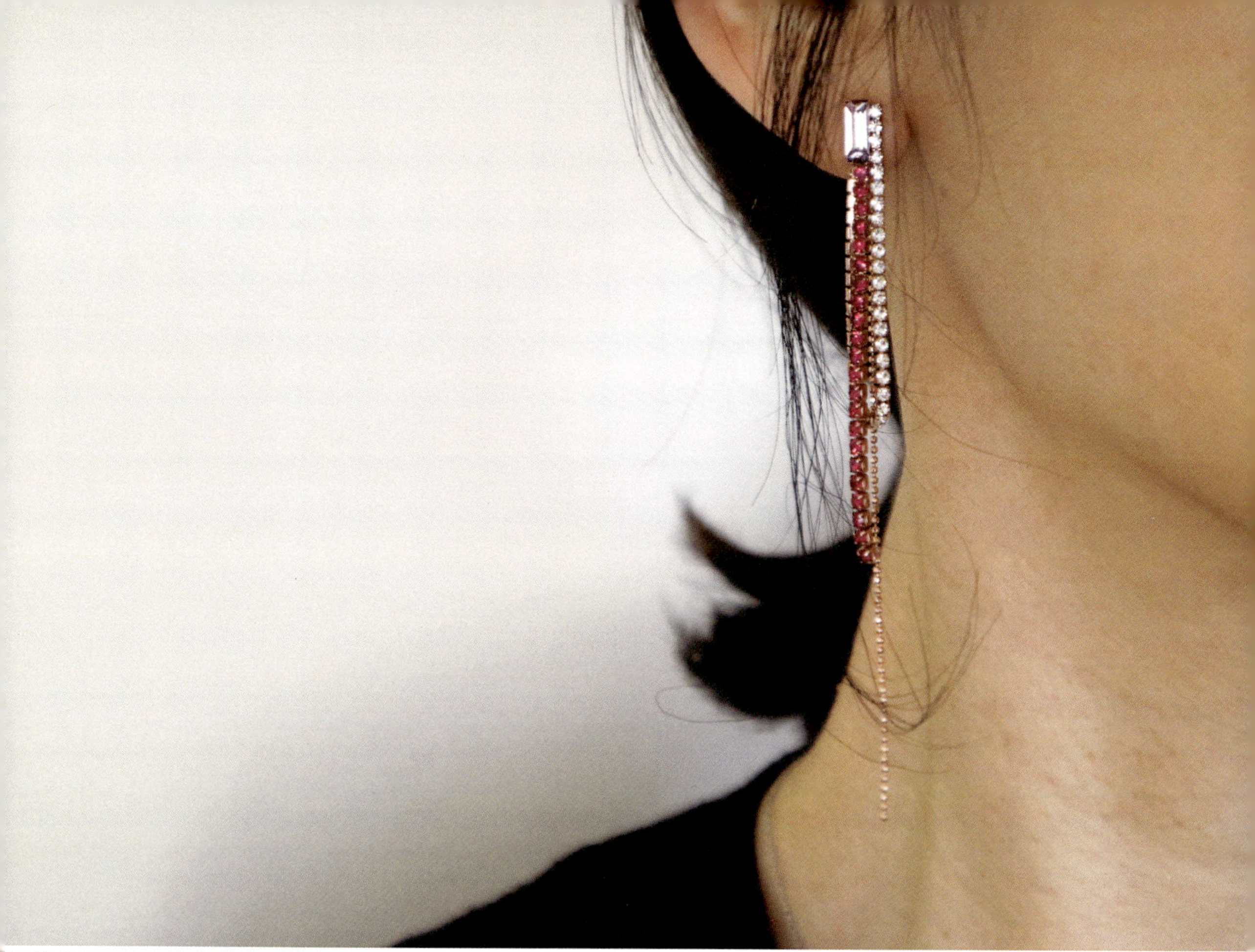

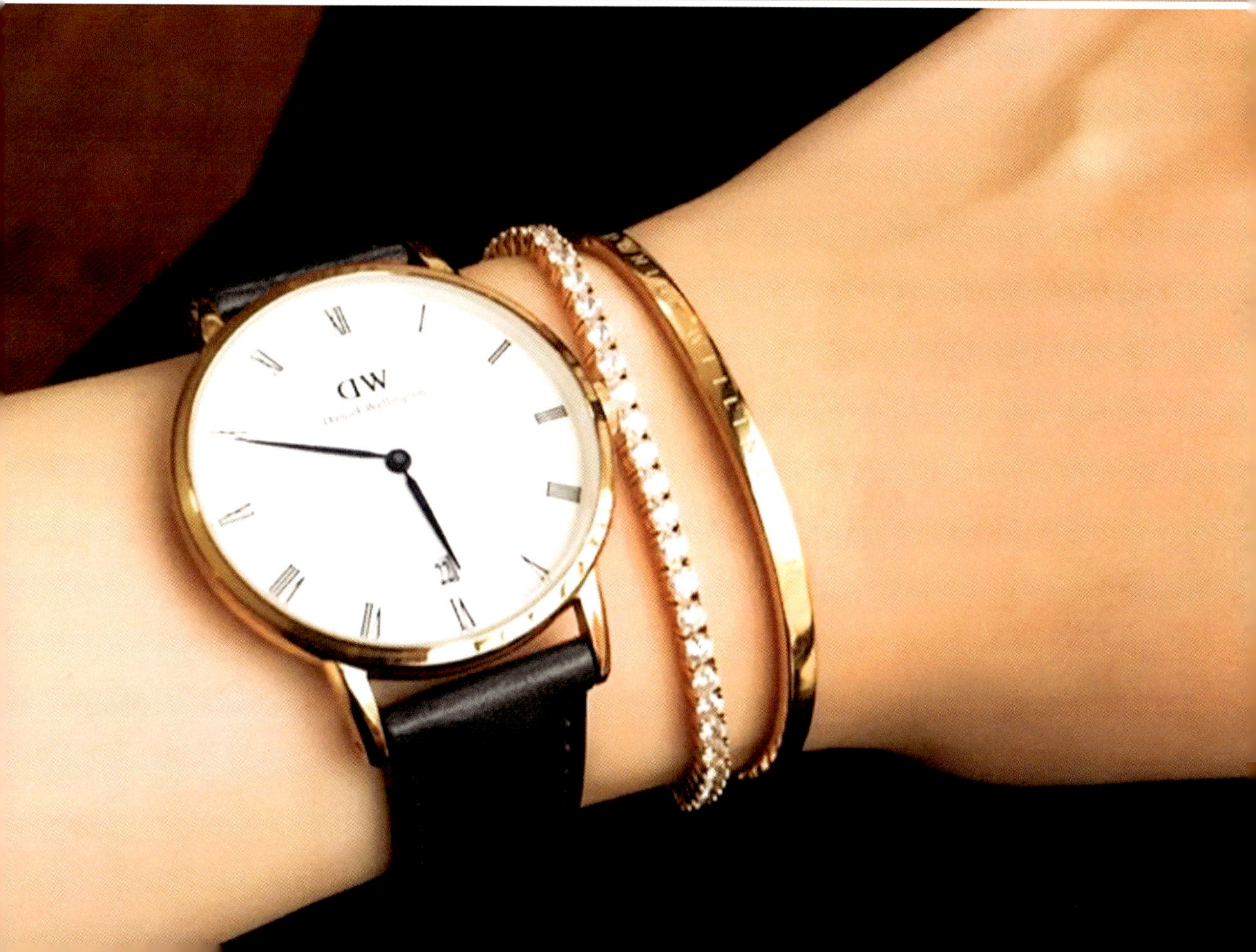
DW

Class 2

여름의 주얼리

가벼워진 옷차림을
주얼리로
채울 수 있는 계절,

**여름의
주얼리**

쨍하고 산뜻한 컬러의 **키치한 실팔찌**

재료

① 아크릴 혼방 주얼리용 스트랩 실(라임색, 오렌지색) ② 세라믹 스마일 론델
③ 실버볼 론델(2개)   ④ 칩 커팅 엠버(5개)
⑤ 꼬리줄   ⑥ SR 장식
⑦ O링   ⑧ 와이어 0.3㎜(와이어 두께 응용 가능)

▶ 재료는 본인의 취향에 따라 대체 가능한 것으로 응용하실 수 있어요.

작업 과정

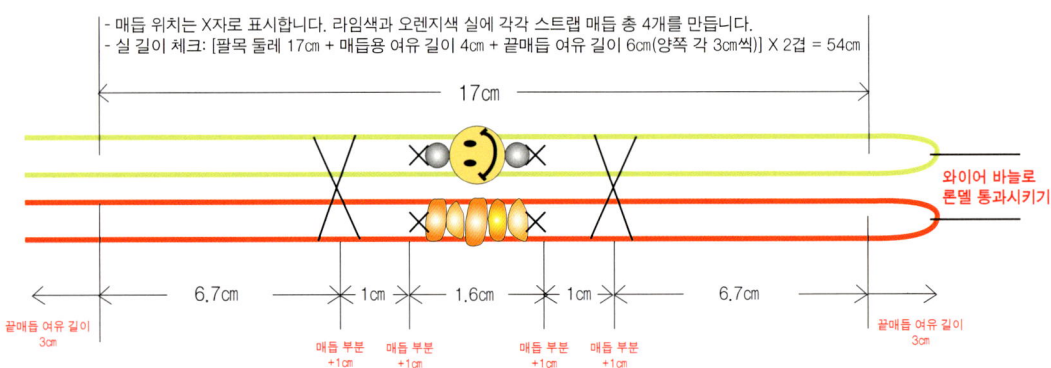

- 매듭 위치는 X자로 표시합니다. 라임색과 오렌지색 실에 각각 스트랩 매듭 총 4개를 만듭니다.
- 실 길이 체크: [팔목 둘레 17㎝ + 매듭용 여유 길이 4㎝ + 끝매듭 여유 길이 6㎝(양쪽 각 3㎝씩)] X 2겹 = 54㎝

17㎝

와이어 바늘로
론델 통과시키기

끝매듭 여유 길이 3㎝   6.7㎝   1㎝   1.6㎝   1㎝   6.7㎝   끝매듭 여유 길이 3㎝

매듭 부분 +1㎝   매듭 부분 +1㎝   매듭 부분 +1㎝   매듭 부분 +1㎝

① 필요한 실 길이의 오차를 줄이기 위해서 스케치 작업을 해 줍니다. 체인과 달리 실 스트랩은 절단하고 난 뒤 길이를 이어 붙이기가 어려워서 비교적 정확하게 도면상 계산을 해 주어야 합니다.

예시 그림에서 X자로 표시된 고정용 매듭은 하나당 실 1㎝의 길이를 사용하며, 양끝에 SR 장식과 꼬리줄을 걸어 줄 매듭은 너무 짧으면 작업하기가 매우 어렵기 때문에 여유 있게 양쪽 각 약 3㎝ 정도씩 길이를 더합니다.

예를 들어 손목 둘레를 17㎝로 정했다면(실제 작업 시에는 본인의 손목 둘레를 정확하게 잰 뒤 작업해 주세요) 실 길이를 [17㎝×2겹=34㎝]로 절단하면 안 됩니다.

팔찌 제작에 필요한 길이 계산은 다음과 같이 합니다.

> **17㎝(손목 둘레) + 4㎝(고정 매듭 4개) + 6㎝(양끝의 총 여유 길이) X 2(두 겹) = 54㎝**

여기에 맞춰 라임색과 오렌지색 실을 각각 54㎝씩 잘라 준비하면 됩니다.

위 식에서 손목 둘레와 고정 매듭 개수는 본인의 손목 둘레, 응용 디자인을 할 경우 본인이 디자인한 팔찌의 고정 매듭 개수를 대입해서 계산할 수 있습니다.

② 라임색과 오렌지색 실은 각각 두 겹이 되도록 접어 접힌 부분에 와이어 바늘을 만들어 걸고 론델들을 끼우기 수월하게 준비해 둡니다.

③ 라임색 실의 두 갈래로 실이 갈라진 부분(와이어 바늘의 반대쪽) 가장자리 끝쪽으로부터 10.7㎝ 지점에 매듭을 하나 만들어 줍니다. 이때 두 겹으로 겹쳐 놓은 실이 정확히 반으로 접힌 상태인지 확인해서 한쪽이 과하게 길거나 짧지 않게 합니다.

④ 라임색 실에 들어갈 론델을 차례로 넣습니다. ③에서 만든 매듭으로 고정될 것입니다.

⑤ 론델을 넣고 나면 재료들이 움직이지 않도록 고정 매듭을 묶어 줍니다.

⑥ 오렌지색 실도 마찬가지로 가장자리 끝쪽으로부터 10.7㎝ 지점에 매듭을 묶고 엠버 론델을 와이어 바늘을 이용해 쭉 통과시켜 넣은 뒤 고정 매듭을 만들어 줍니다.

⑦ 라임색과 오렌지색 스트랩을 동시에 묶어 고정 매듭을 만듭니다. 이미 만들어 둔 고정 매듭에서 각 1㎝씩 간격을 두고 묶습니다. 디자인 스케치를 참고합니다.

⑧ SR 장식과 꼬리줄을 양 끝에 달아 마무리합니다. 매듭을 만들 여유 길이를 남겼기 때문에 SR 장식과 꼬리줄을 길이 감안하지 않고 임의로 실 끝에 묶어 버릴 경우 센터가 맞지 않거나 팔찌 길이가 계산과 달라질 수 있습니다.
SR 장식의 고리 부분을 팔찌의 한쪽 끝에 묶을 때 스마일 펜던트의 중앙 부분으로부터 8.5㎝가 되는 부분 길이를 체크하고 체크한 곳에 SR 장식이 묶일 수 있게 매듭을 짓습니다. 꼬리줄도 마찬가지로 팔찌의 중앙으로부터 8.5㎝가 되는 지점을 체크해서 체크한 곳에 위치하도록 매듭을 만들어 주면 쭉 늘렸을 때 의도했던 17㎝로 완성됩니다.

⑨ 양 끝의 남은 실은 원하는 길이만큼 남기고 적당히 잘라 내어 라이터의 파란불 쪽으로 실 끝을 살짝 지져서 실이 풀리지 않도록 마감 처리해 완성합니다.

실 스트랩의 와이어 바늘 활용과 고정 매듭 만들기

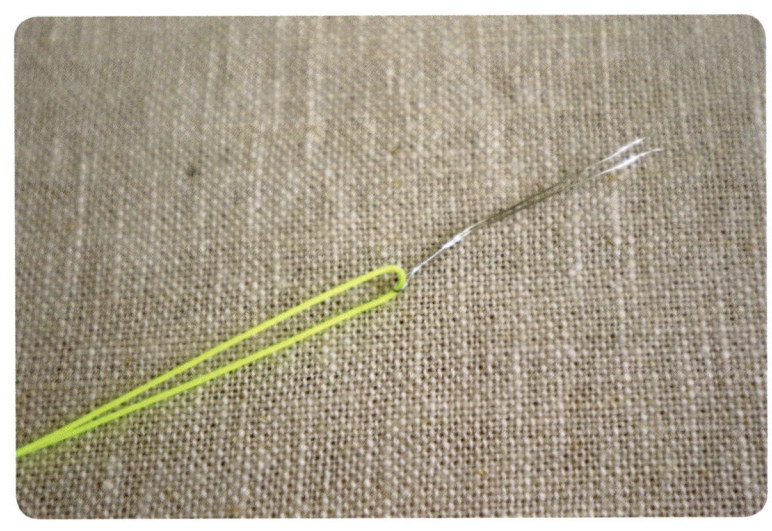

① 와이어 바늘 만들기: 스트랩의 두 겹으로 접힌 부분에 와이어를 반으로 접어 걸어 바늘을 만들면 론델을 끼울 때 수월합니다.

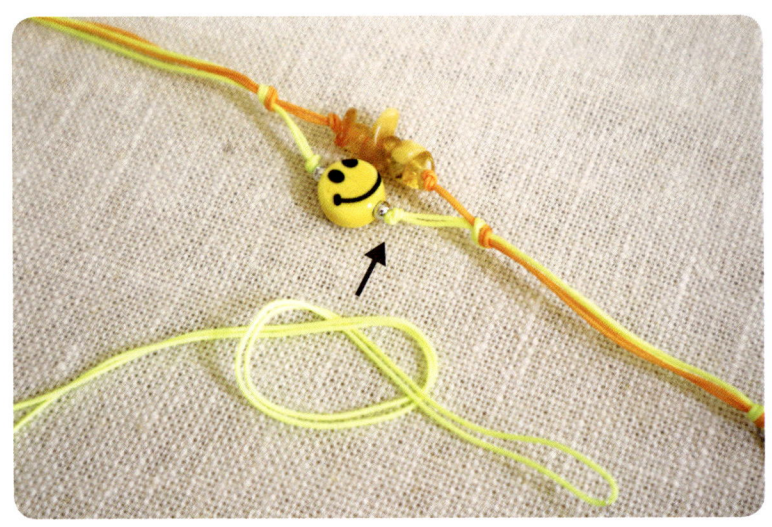

② 고정 매듭: 두 겹으로 접은 스트랩을 돌려 후프를 만들어서 후프 안으로 실 끝을 넣어 빼주는 매듭으로 고정합니다.

시원한 **체인 태슬 드롭 귀걸이**✧

재료

① 실버 귀걸이 훅(한 조)
② 칩 커팅 문스톤(2개)
③ 실버 론델(2개)
④ 아쿠아마린 6㎜(2개)
⑤ 와이어 0.3㎜(와이어 두께 응용 가능)
⑥ 실버 1.2㎜ 고방 체인

▶ 재료는 본인의 취향에 따라 대체 가능한 것으로 응용하실 수 있어요.

작업 과정

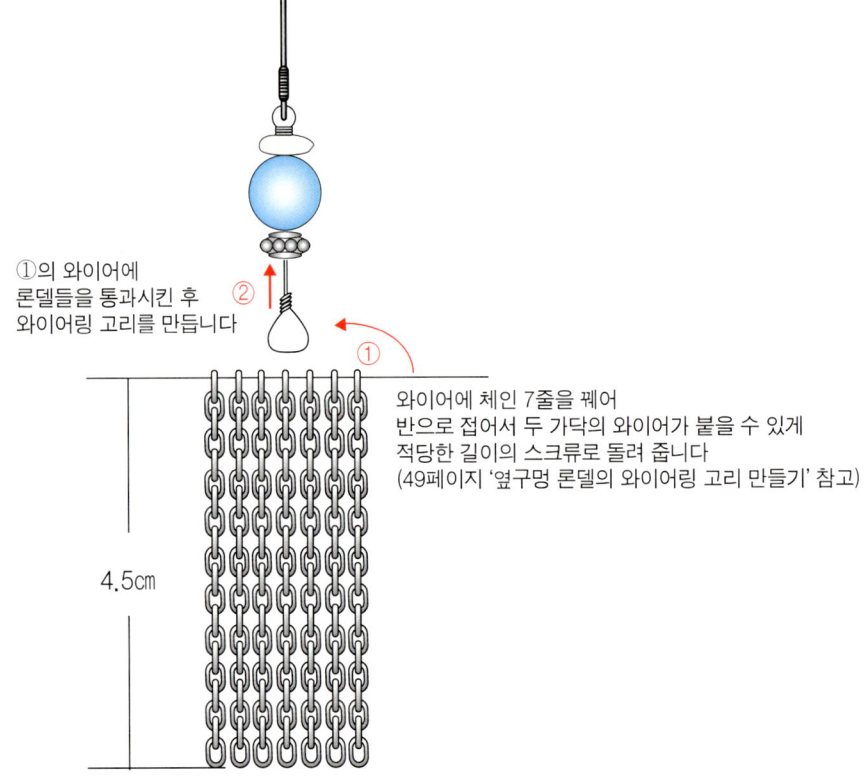

①의 와이어에
론델들을 통과시킨 후
와이어링 고리를 만듭니다

② ↑

4.5㎝

와이어에 체인 7줄을 꿰어
반으로 접어서 두 가닥의 와이어가 붙을 수 있게
적당한 길이의 스크류로 돌려 줍니다
(49페이지 '옆구멍 론델의 와이어링 고리 만들기' 참고)

①

① 한 뼘 정도로 자른 와이어를 두 조각 준비합니다. 와이어는 0.3㎜ 또는 0.4㎜ 두께를 사용하면 적당합니다.

② 실버 체인을 귀걸이 한쪽당 7가닥으로 해서 양쪽 총 14줄 절단합니다. 길이는 14조각 모두 4.5㎝로 일정
하게 맞춥니다. (체인의 길이와 가닥 수는 원하는 대로 응용할 수 있습니다.)

③ 와이어 한 조각을 반으로 접어 4.5㎝로 자른 체인 7조각을 꿰어 넣습니다.

④ 반으로 접은 와이어를 집게로 잡고 두 가닥이 붙을 수 있게 적당한 길이로 돌려 스크류를 만듭니다. 너무
과하게 돌리면 와이어가 끊어질 수 있으니 주의합니다.

⑤ '실버 론델 → 아쿠아마린 → 문스톤' 순으로 와이어에 통과시킵니다.

⑥ 45페이지 '양구멍 론델의 와이어링 고리 만들기'를 참고하여 문스톤 위에 와이어링 고리를 만듭니다.

⑦ 귀걸이 훅 하단의 O링을 열어 ⑥의 와이어 고리를 넣고, 열었던 귀걸이 훅 O링을 이음매를 잘 맞춰 닫아
줍니다.

⑧ 나머지 한쪽 귀걸이도 같은 방법으로 만들어서 완성합니다.

와이어에 체인 걸어 태슬 만들기

① 반으로 접은 와이어에 잘라 둔 체인들을 걸어
   주세요.

② 와이어 두 가닥이 한몸으로 붙도록 집게로 잡고
   돌립니다.

③ 스크류를 만들 때 너무 과하게 돌리면 와이어가
   끊어질 수 있으니 주의해 주세요.

④ 한몸으로 붙은 와이어에 실버 론델, 아쿠아마린
   과 문스톤을 통과시켜 넣고 와이어 오링을 만들
   어 완성합니다.

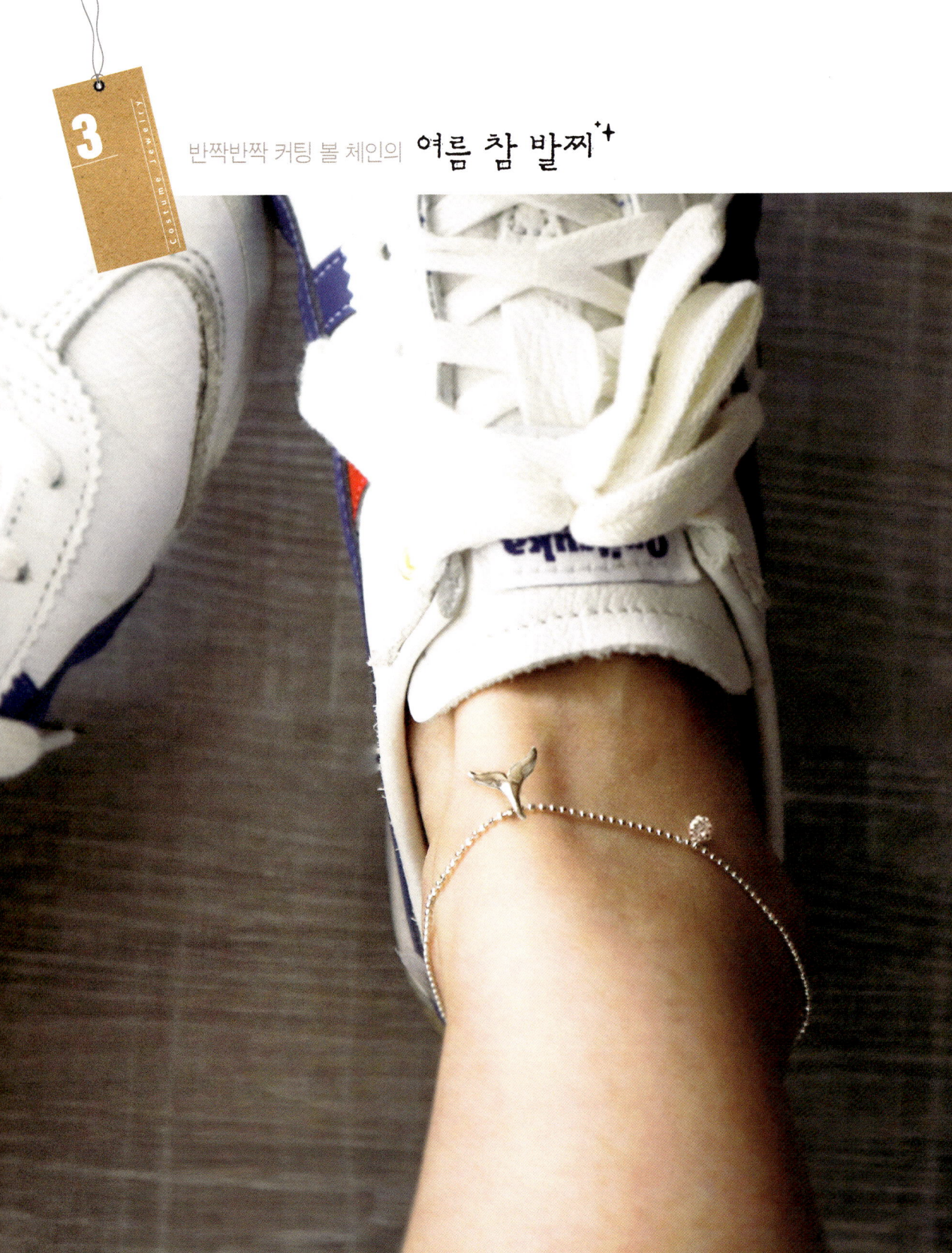

재료

① 실버 1.5mm 커팅 볼 체인 ② 꼬리줄
③ SR 장식 ④ O링 지프(2개)
⑤ 실버 심플 큐빅 펜던트 ⑥ O링
⑦ 실버 고래 꼬리 펜던트

▶ 재료는 본인의 취향에 따라 대체 가능한 것으로 응용하실 수 있어요.

작업 과정

체인 길이와 SR 장식, 양쪽 O링 지프 길이까지가 발목 둘레가 되도록 합니다

O링 지프

22㎝

O링 지프

SR 장식

양쪽 맨 끝 볼을 O링 지프 안으로 넣어
눌러서 고정합니다

꼬리줄 위치

① 고리가 없는 볼 체인을 작업할 때에는 O링 지프 캡을 사용하여 조립이 가능하도록 고리를 만들어 줍니다. 볼 체인의 한 쪽 끝을 O링 지프로 눌러 고리를 만듭니다. O링 지프 작업 시, 캡의 안쪽에 에폭시 본드를 살짝 바른 뒤 체인의 볼을 넣고 캡 양쪽을 누르면 본드 처리까지 되어 더욱 단단하게 고정이 됩니다.

② 만들어 준 O링 지프의 O링 고리에 SR 장식을 달아 줍니다. SR 장식을 포함한 길이가 발목 둘레 22㎝가 되도록 체크한 뒤 니퍼로 볼 체인을 절단합니다. (기성 22㎝로 가정했을 뿐 예시는 참고용입니다. 본인의 발목 둘레를 체크해서 작업해 주세요.)

③ 실버 펜던트 두 개를 볼체인에 끼워 넣습니다.

④ 남은 한쪽도 O링 지프 작업으로 고리를 만들어 준 뒤, O링으로 꼬리줄을 연결하여 완성합니다.

볼체인에 O링 지프로 고리 만들기

① 볼체인과 볼 크기에 맞는 O링지프를 준비합니다.

② 에폭시 본드를 O링 지프의 안쪽 오목한 곳에 점찍듯이 바르고 볼체인의 끝 유닛을 올려 굳을 때까지 기다립니다.

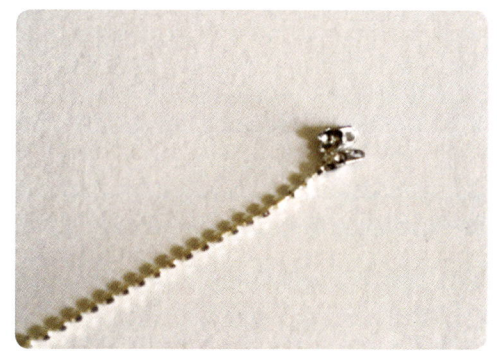

③ 평집게로 표면에 스크래치가 나지 않게 조심히 눌러 줍니다.

④ 볼체인에 O링 지프로 고리를 만들었습니다.

바다를 담은 **여름 롱 목걸이**⁺

재료

① 실버 2㎜ 비엘체인　　　　　② 토글 장식 한 조
③ 조개 펜던트(골드 도금, OR 도금)　④ 담수 진주 8㎜
⑤ O링　　　　　　　　　　⑥ T핀

▶ 재료는 본인의 취향에 따라 대체 가능한 것으로 응용하실 수 있어요.

작업 과정

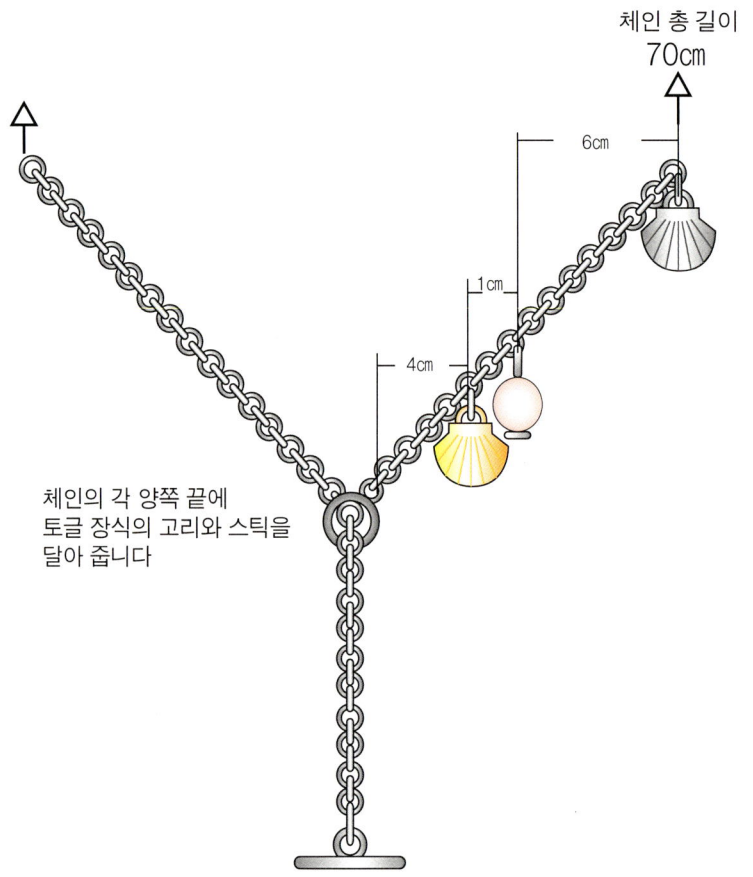

체인 총 길이
70㎝

6㎝

1㎝

4㎝

체인의 각 양쪽 끝에
토글 장식의 고리와 스틱을
달아 줍니다

▶ 디자인 스케치상의 목걸이 길이는 오페라 사이즈로 가정했을 뿐 참고용입니다. 본인의 목 둘레를 실측해서 원하는 길이로 정확하게 잰 뒤 작업해 주세요.

① 실버 비엘체인을 70㎝의 길이로 니퍼로 절단합니다.

② 양쪽 끝에 토글 장식의 O링과 스틱을 O링으로 연결합니다. (토글 장식은 튜브같이 생긴 큰 O링 & 스틱이 한 세트를 이룹니다.)

③ 담수 진주는 T핀으로 9자말이를 말아 준비합니다.

④ 골드 조개 펜던트는 디자인 스케치상의 간격으로 토글 장식의 고리 부분에서 4㎝ 지점에 O링으로 연결합니다.

⑤ 담수 진주의 9자말이 고리를 열어 조개 펜던트로부터 1cm 떨어진 간격의 체인 홀에 걸어 줍니다. 이때, 펜 던트와 담수 진주가 걸리는 체인 유닛의 방향을 일정하게 해야 완성 시 자연스럽게 드롭됩니다(다음 이미 지 참고).

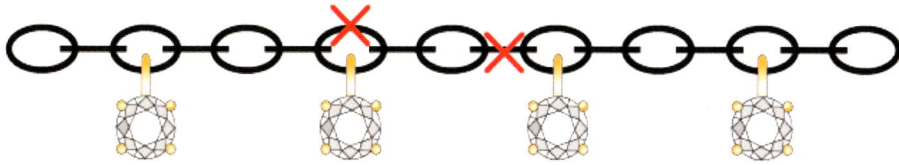

⑥ 실버 조개 펜던트를 담수 진주로부터 6cm 떨어진 간격의 체인 홀에 O링을 사용하여 걸어 줍니다.

Class 3

가을의 주얼리

블링블링
세련되게
스타일을
업그레이드시켜 줄

**가을
주얼리**

가을 노을빛을 담은 **원석 본딩 귀걸이**⁺

재료

① 사각 판형 포스트 귀걸이(한 조)   ② 물방울 커트 커넬리언 원석(2개)

③ 커넬리언 3㎜(2개)   ④ 실버 미러볼 론델 3㎜(2개)

⑤ 부착형 물방울 자개(2개)   ⑥ 러프커트 탄자나이트(2개)

⑦ 실버 새 펜던트(2개)   ⑧ 진주 캡(2개)

⑨ 라피스라줄리 3㎜ 라운드(2개)   ⑩ 담수 진주 3㎜ (2개)

⑪ 부착형 스와로브스키 글라스 스톤 3㎜(4개)   ⑫ 부착형 큐빅 난집 3㎜(개)

⑬ 반구멍 담수 진주 8㎜(2개)

▶ 재료는 본인의 취향에 따라 대체 가능한 것으로 응용하실 수 있어요.

작업 과정

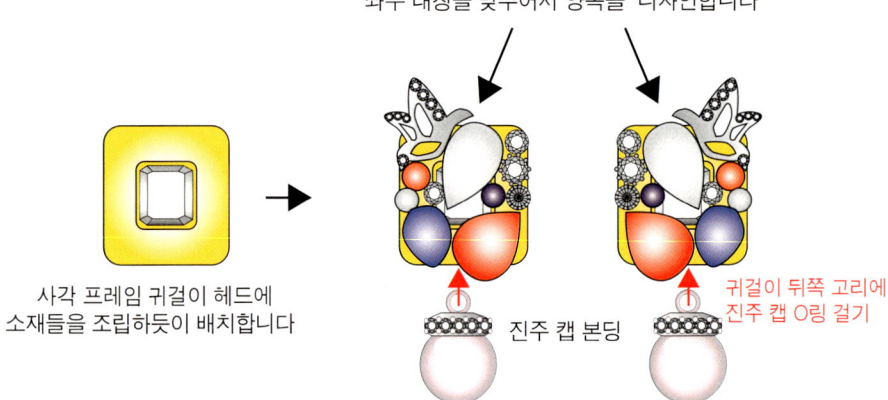

좌우 대칭을 맞추어서 양쪽을 디자인합니다

사각 프레임 귀걸이 헤드에
소재들을 조립하듯이 배치합니다

진주 캡 본딩

귀걸이 뒤쪽 고리에
진주 캡 O링 걸기

① 프레임 위에 핀셋으로 소재들을 퍼즐 맞추듯 배치해서 채워 줍니다. 바탕이 되는 프레임을 너무 빼곡히 가리려고 자잘한 소재를 가득 채우면 오히려 부자연스러워질 수 있습니다. 소재와 소재 사이에 적당한 공간과 크고 작은 소재를 조화롭게 섞어 가며 디자인합니다.

② 프레임 표면이 평평하지 않을 경우 소재가 머무르지 않고 자리를 벗어나서 배치가 어렵습니다. 이런 경우는 스카치 테이프를 활용해서 표면 접착이 되도록 만들어 두고 재료들을 올려 자리를 정해 주면 수월하게 작업할 수 있습니다.

③ 일반적으로 귀걸이는 한쪽 디자인이 중심을 기준으로 정대칭이 아닐 경우 좌우 방향을 생각해서 디자인합니다. 거울 반사한 느낌으로 귀걸이의 좌우가 대칭이 될 수 있게 디자인을 스케치합니다.

④ 프레임에 올라갈 재료들의 위치를 정했다면 에폭시 본드로 소재들을 본딩합니다.
5분 본드의 경우 A·B 제형이 섞이면 작업 도중에도 쉽게 굳어 버리기 때문에 A제형과 B제형을 3군데에 짜서 준비하고 작업 도중 굳으면 다음 본드를 반죽해서 작업하고, 또 굳으면 다음 본드를 반죽해서 작업하는 식으로 세팅해 두는 것이 편합니다.

A 제형   B 제형

⑤ 본드는 프레임이 아닌, 프레임에 올라갈 소재에 바르며 필요한 부분에만 적당량 발라서 프레임에 올립니다. 넘치거나 부족하지 않게 에폭시의 양을 조절해서 바르는 것이 좋습니다. 본드가 경화하기 전 액체 상태에서는 위치를 정해서 올린다 해도 미끄러져 흐르면서 올려둔 위치에서 이탈할 수 있으므로 완전히 경화되기 전까지 중간중간 제 위치에 있는지 체크해 줍니다.

⑥ 모든 소재를 프레임에 본딩했다면, 귀걸이 밑에 드롭될 진주에 진주캡을 본딩해 고리를 만듭니다. 진주캡의 핀 부분에 에폭시를 발라 진주 홀에 끼워 본드를 굳힙니다.

⑦ 본드가 완전히 굳으면 귀걸이 뒤쪽에 붙어 있는 O링을 열고 진주캡 O링을 걸어 완성합니다.

룩이 더욱 멋스러워지는 파인 주얼리 느낌의 **볼드 목걸이**⁺

재료

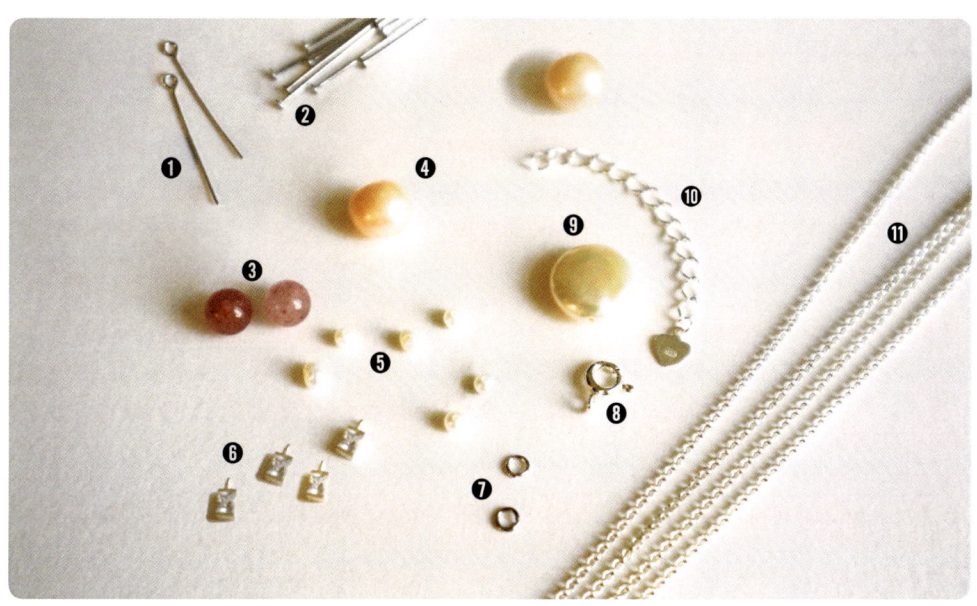

① 9핀   ② T핀
③ 스트로베리 쿼츠 6㎜(2개)   ④ 담수 바로크 진주 8㎜(2개)
⑤ 담수 진주 3㎜(6개)   ⑥ 바게트 커트 큐빅 실버 펜던트(4개)
⑦ O링(2개)   ⑧ SR 장식
⑨ 납작 담수 진주 16㎜   ⑩ 꼬리줄
⑪ 1.5㎜ 비엘체인

▶ 재료는 본인의 취향에 따라 대체 가능한 것으로 응용하실 수 있어요.

작업 과정

장식 제외한 목걸이의 총 길이: 40㎝

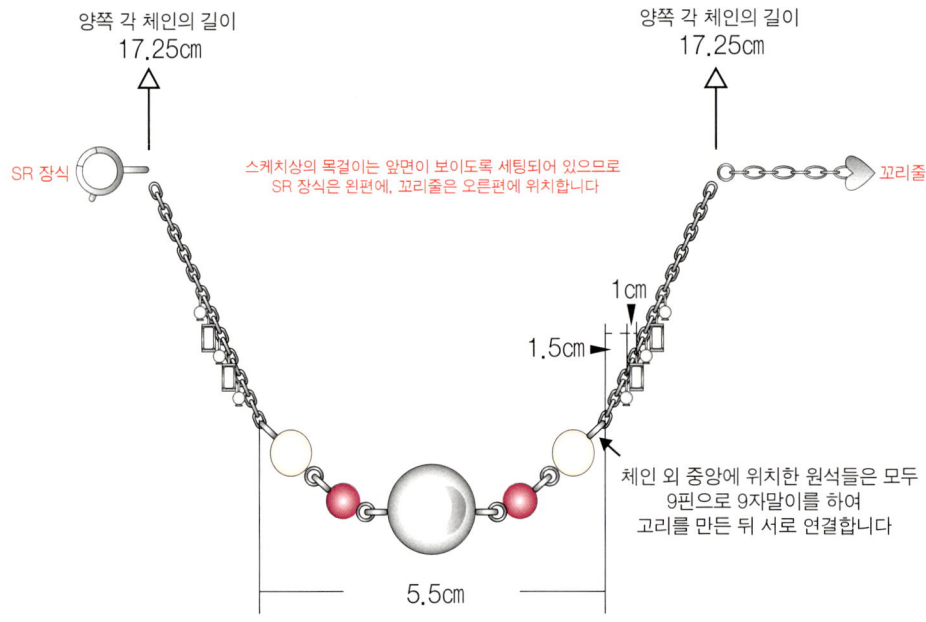

양쪽 각 체인의 길이
17.25㎝

양쪽 각 체인의 길이
17.25㎝

SR 장식

스케치상의 목걸이는 앞면이 보이도록 세팅되어 있으므로
SR 장식은 왼편에, 꼬리줄은 오른편에 위치합니다

꼬리줄

1cm

1.5cm

체인 외 중앙에 위치한 원석들은 모두
9핀으로 9자말이를 하여
고리를 만든 뒤 서로 연결합니다

5.5㎝

▶ 디자인 스케치상의 목걸이 길이는 기성 프린세스 길이로 가정했을 뿐 참고용입니다. 본인의 목 둘레를
실측해서 원하는 길이로 정확하게 잰 뒤 작업해 주세요.

① 납작 담수 진주, 스트로베리 쿼츠, 바로크 담수 진주 총 5개 원석에 9핀을 꽂아 9자말이해서 고리를 만들
어 스케치와 같이 서로 쭉 연결합니다.

② 같은 길이로 절단한 실버 체인 두 조각을 준비하여 ①의 양 끝 바로크 진주의 9자말이 고리를 열어 체인
과 연결하고 이음매를 잘 맞추어 닫아 줍니다.
만들고자 하는 목걸이의 길이가 SR 장식과 꼬리줄을 제외하고 40㎝ 라고 가정하면 계산식은 다음과 같
습니다.

> **40㎝(목걸이의 길이) -5.5㎝(①에서 연결한 원석들의 길이) ÷ 2 = 17.25㎝**

이것을 두 조각으로 절단하여 양 끝을 연결해야 의도한 40㎝ 길이로 제작할 수 있습니다.
응용 디자인을 하실 경우 위 식에 본인이 디자인한 목걸이의 길이와 연결한 원석 파트의 실측 길이를 대
입해서 계산하실 수 있습니다.

③ 3㎜ 담수 진주에 T핀을 꽂아 9자말이하여 고리를 만듭니다.

스케치상의 간격대로 바게트 커트 큐빅 펜던트와 ③의 3㎜ 담수 진주를 체인에 걸어 줍니다. 이때, 원석이 걸리는 체인의 홀은 모두 같은 방향의 유닛에 걸리도록 체크하여 달아서 완성도를 높여 주세요(다음의 체인 유닛 확대 이미지 참고).

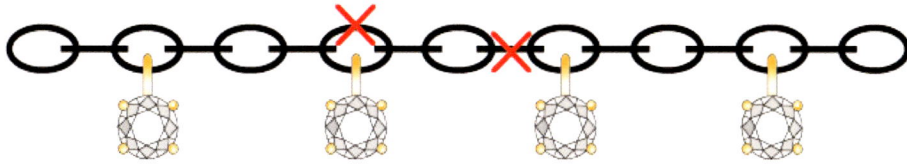

④ 체인의 한쪽 끝에 실버 SR 장식의 고리를 틀어 열어서 걸고 이음매를 잘 맞추어 닫아 줍니다. 나머지 한쪽 끝은 꼬리줄을 O링으로 연결하여 완성합니다.

이 목걸이는 바게트 커트 큐빅 펜던트가 양면이 아닌 앞뒤가 있는 디자인이므로 SR 장식과 꼬리줄을 연결할 때 각 끝 장식의 위치를 주의해 달아 주어야 하는 아이템입니다.

앞뒷면이 있는 목걸이의 경우, 작업대에 올려놓았을 때 목걸이의 앞면이 바닥을 향하도록 하고 뒷면이 하늘을 향하게 놓아 목걸이의 뒷면이 눈에 보이게 올려두었다면 오른손잡이 기준 SR 장식을 오른편에, 꼬리줄을 왼쪽에 달아서 오른손으로 SR 장식을 조작할 수 있게 해 주어야 목에 걸었을 때 목걸이의 앞면이 보여지게 위치할 수 있습니다.

(왼쪽 이미지의 빨간색 글씨로 표기된 설명을 참고해서 끝장식을 제 위치에 맞게 조립합니다.)

여리여리 은은하게 시선을 끄는 **원석 와이어링 팔찌**⁺

재료

① 담수 진주 원석 2㎜   ② 말라카이트 원석 2㎜   ③ 루비 원석 2㎜
④ 블랙스피넬 원석 2㎜   ⑤ 꼬리줄   ⑥ SR 장식
⑦ O링   ⑧ 와이어 0.3㎜(와이어 두께 응용 가능)

▶ 재료는 본인의 취향에 따라 대체 가능한 것으로 응용하실 수 있어요.

작업 과정

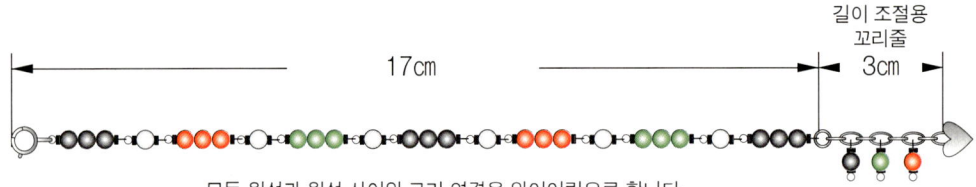

길이 조절용
꼬리줄

17㎝

3㎝

모든 원석과 원석 사이의 고리 연결은 와이어링으로 합니다

▶ 디자인 스케치상의 팔찌 길이는 기성 제품 기준으로 가정했을 뿐 참고용입니다. 본인의 팔목 둘레를 실
  측해서 원하는 길이로 정확하게 잰 뒤 작업해 주세요.

① 팔찌의 길이를 정해 스케치합니다. (실제 작업 시에는 본인의 손목 둘레를 정확하게 잰 뒤 작업하면 됩니다.)

② 적당한 길이로 와이어를 잘라 준비합니다. 와이어가 너무 짧으면 작업하기가 힘들고 너무 길면 버려지는 길
  이가 많아 낭비가 됩니다. 위 스케치의 경우 약 4~5㎝ 정도면 좋습니다.

③ 위 스케치상 가장 좌측의 블랙스피넬부터 와이어링한다고 한다면, 와이어로 한쪽의 고리를 먼저 만들어
  두고 스피넬 세 알을 와이어에 통과시킵니다. 반대쪽도 같은 방법으로 와이어 고리를 만들어 한 파트를
  완성하면 됩니다. (45페이지 '양구멍 론델의 와이어링 고리 만들기' 참고)

④ 다음의 담수 진주 와이어링은 한쪽의 고리를 먼저 와이어링해서 만들고 진주를 와이어에 통과시켜 끼워
  준 뒤 반대쪽 고리를 만들 때, 와이어로 구형의 O링 형태를 만들고 스프링을 감기 전, ③에서 만들어 둔
  블랙스피넬 파트의 한쪽 O링을 진주를 끼운 와이어의 완성 전 O링 고리에 넣어 걸어 주고 스프링을 감
  아 스피넬 파트와 진주 파트가 와이어 고리로 연결되도록 작업해 줍니다.

⑤ 진주의 다음 순서인 루비도 마찬가지로 한쪽 고리를 와이어링해서 만든 후, 루비 세 알을 와이어에 통과
  시켜 끼우고 반대쪽의 와이어링 고리를 만들어 스프링을 감기 전, ④의 '스피넬&진주' 파트의 진주 쪽 O
  링을 끼워 걸고 스프링을 감아 정리해서 3개의 파트가 와이어 O링으로 이어지도록 합니다.

⑥ 같은 방법으로 '와이어의 한쪽은 와이어로 O링 만들기 → 원석 끼우기 → 반대쪽 와이어 O링의 스프링 감
  기 전 연결된 파트의 O링 끼워 걸기 → 파트를 연결한 와이어 O링은 스프링을 감아 남은 와이어는 니퍼
  로 잘라서 정리하기' 순으로 기차를 연결하듯이 쭉 이어 줍니다.

⑦ 손목 길이만큼 와이어링으로 원석 연결을 해 주었다면 한쪽은 SR 장식의 O링을 열어 걸고 이음매를 맞
  추어 닫습니다. 반대쪽은 O링으로 꼬리줄을 연결합니다.

⑧ 꼬리줄에도 원석 와이어링으로 소재를 달아 포인트를 주어 완성합니다.

핀이나 O링 없이, 와이어링으로 만든 O링끼리 연결하기

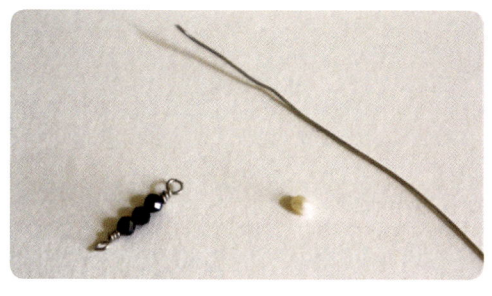 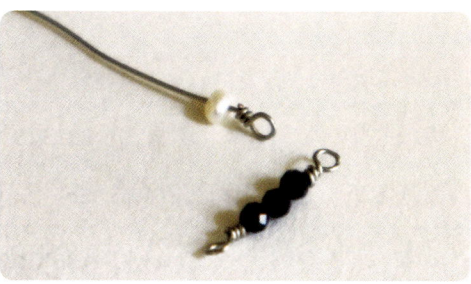

① 블랙스피넬 파트에 담수 진주를 와이어링 고리로 연결하겠습니다. 45페이지 '양구멍 론델의 와이어링 고리 만들기'를 참고하여 블랙스피넬의 양쪽과 담수 진주의 한쪽에 고리를 만듭니다.

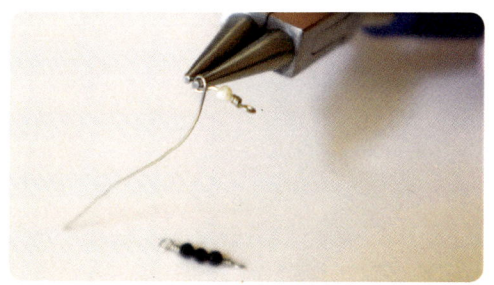 

② 진주의 다른 쪽 고리를 와이어링할 때, 스프링을 감아 완성하기 전 블랙스피넬의 와이어 고리를 끼워 걸어 줍니다.

③ 블랙스피넬 파트를 담수 진주의 와이어 오링에 걸었다면, 스프링을 감아 와이어링을 완성합니다.

따뜻하고 감성적인 **유니크 우드 입체 귀걸이**⁺

재료

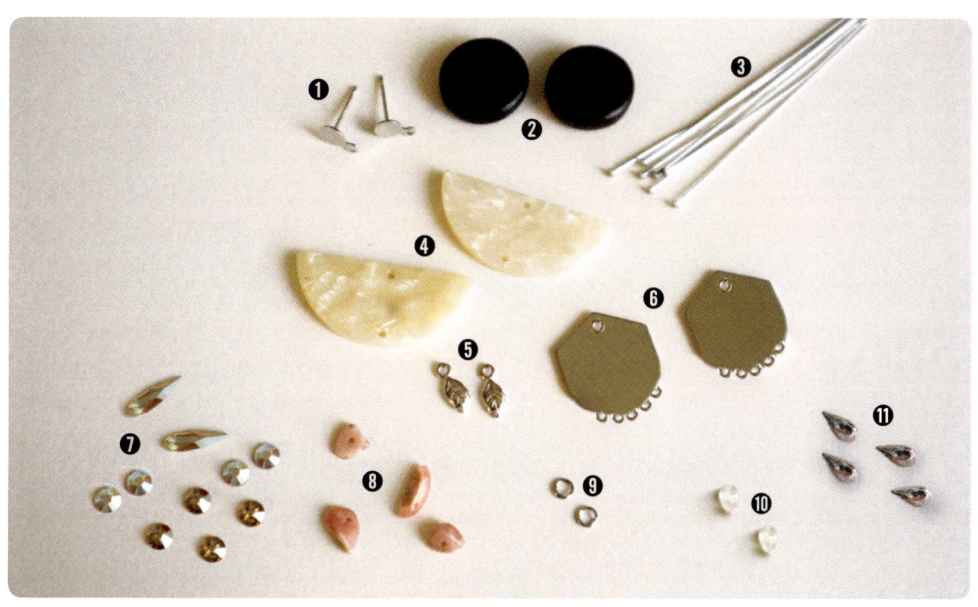

① 부착형 귀걸이 판(한 조)   ② 우드 론델(2개)

③ T핀   ④ 반달형 호마이카 커넥터(2개)

⑤ 실버 나뭇잎 펜던트(2개)   ⑥ 메탈 커넥터(2개)

⑦ 부착형 스와로브스키 스톤(물방울형 2개, 라운드형 8개)   ⑧ 칩 커팅 잉카로즈(4개)

⑨ O링   ⑩ 칩 커팅 문스톤(2개)

⑪ 물방울 메탈 펜던트(4개)

▶ 재료는 본인의 취향에 따라 대체 가능한 것으로 응용하실 수 있어요.

작업 과정

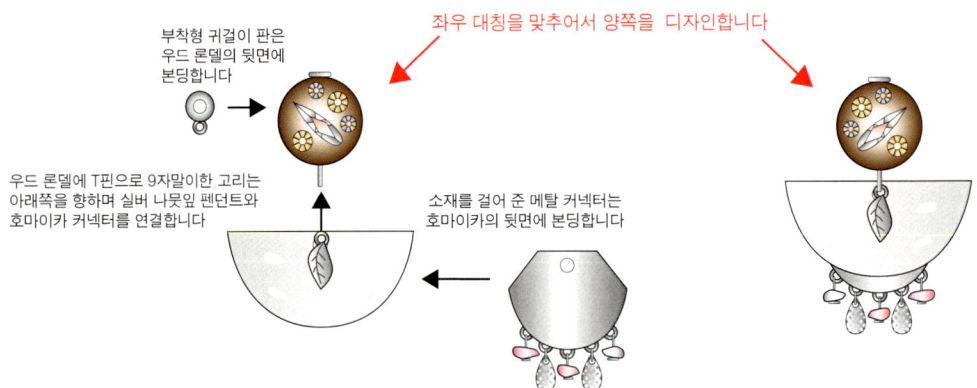

부착형 귀걸이 판은
우드 론델의 뒷면에
본딩합니다

좌우 대칭을 맞추어서 양쪽을 디자인합니다

우드 론델에 T핀으로 9자말이한 고리는
아래쪽을 향하며 실버 나뭇잎 펜던트와
호마이카 커넥터를 연결합니다

소재를 걸어 준 메탈 커넥터는
호마이카의 뒷면에 본딩합니다

▶ 일반적으로 귀걸이는 한쪽 디자인이 중심을 기준으로 정대칭이 아닐 경우 좌우 방향을 생각해서 디자인합니다. 이 귀걸이는 우드 론델에 본딩되는 스와로브스키와 메탈 커넥터에 드롭되는 원석의 순서가 정대칭이 아니므로 거울반사한 느낌으로 귀걸이의 좌우가 대칭이 될 수 있게 제작해 주세요.

① 우드 론델에 T핀으로 9자말이를 말아 고리를 만들어 줍니다.

② 우드 론델의 앞면이 될 부분에 부착형 스와로브스키 스톤을 디자인 스케치상의 위치대로 에폭시 본딩합니다.

③ ②의 에폭시 본드가 굳을 동안 잉카로즈와 문스톤 칩 커팅 원석에 9핀을 꽂아 9자말이해서 고리를 만듭니다. 칩 스타일 커팅 원석은 깨짐에 약하므로 9자말이 과정에서 깨지거나 부서지지 않도록 스톤에 충격이 없게끔 조심해서 작업합니다.

④ 9자말이한 원석과 물방울 메탈 펜던트를 스케치상의 위치에 달아 줍니다. 원석은 9핀의 고리를 열어 걸고, 펜던트는 O링을 사용합니다.

⑤ 호마이카 커넥터의 뒷면을 ④의 메탈 커넥터의 앞면이 되는 부분과 에폭시 본딩을 해서 접착합니다. 접착 시 두 커넥터 간의 중심과 위치를 잘 맞추어 붙여서 완성했을 때 밸런스가 무너지거나 기울어짐이 없도록 합니다.

⑥ ⑤의 커넥터 에폭시 본드의 접착면이 잘 굳었다면 ②의 우드 론델 하단 고리를 열어 실버 나뭇잎 펜던트와 커넥터를 걸어 이음매를 맞추어 닫아 줍니다. 이때 고리에 걸리는 소재들이 앞을 보도록 잘 확인하고 달아 줍니다.

⑦ 부착형 귀걸이 판을 우드 론델의 뒷면에 에폭시 본딩해서 완성합니다.

Class 4

겨울의 주얼리

두꺼운 옷차림에도
고급스러운
존재감을 주는

**겨울의
주얼리**

고급스러운 실루엣으로 시선을 사로잡는 **태슬 핀 브로치**✦

재료

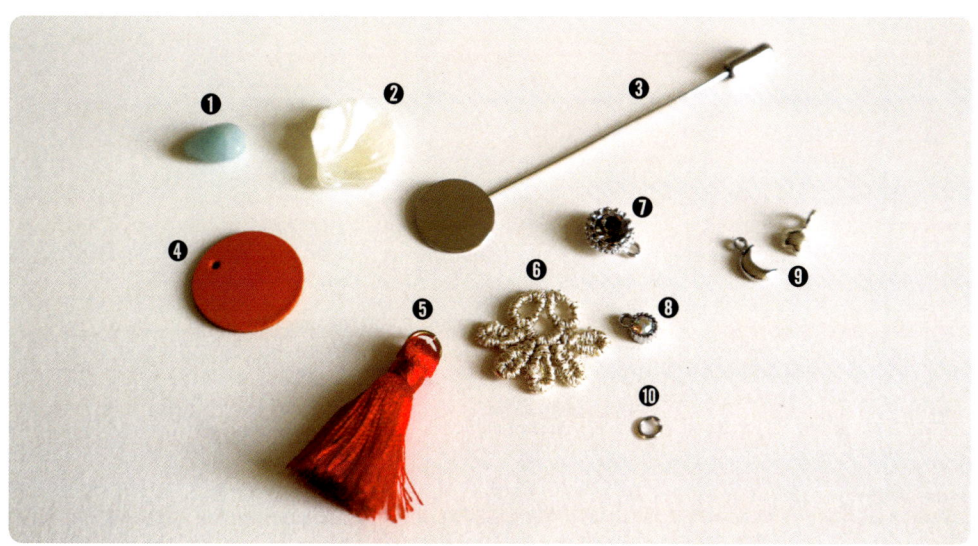

① 아마조나이트
② 아크릴 꽃잎 펜던트
③ 핀 브로치 대
④ 원형 가죽판
⑤ 태슬 펜던트
⑥ 금사 레이스
⑦ 글라스 스톤 펜던트(대)
⑧ 글라스 스톤 펜던트(소)
⑨ 메탈 펜던트(달, 별)
⑩ O링

▶ 재료는 본인의 취향에 따라 대체 가능한 것으로 응용하실 수 있어요.

작업 과정

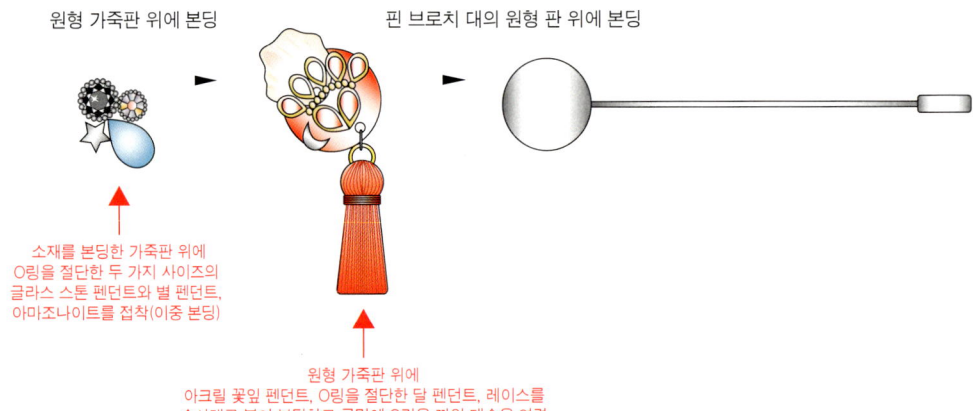

원형 가죽판 위에 본딩

핀 브로치 대의 원형 판 위에 본딩

소재를 본딩한 가죽판 위에
O링을 절단한 두 가지 사이즈의
글라스 스톤 펜던트와 별 펜던트,
아마조나이트를 접착(이중 본딩)

원형 가죽판 위에
아크릴 꽃잎 펜던트, O링을 절단한 달 펜던트, 레이스를
순서대로 붙여 본딩하고 구멍에 O링을 끼워 태슬을 연결

① 메탈 달, 메탈 별 펜던트와 글라스 스톤 펜던트 두 가지 사이즈 모두 O링을 니퍼로 잘라내고 집혀서 거칠어진 표면 부분을 줄로 갈아 다듬어 준비합니다. (본딩을 위한 재료에는 연결고리가 필요하지 않으므로 절단해서 제거합니다.)

② 원형 가죽판 위에 스케치상의 위치대로 아크릴 꽃잎 펜던트, 달 펜던트, 금사 레이스를 에폭시 본드로 본딩합니다.

③ ②의 본딩 부분이 굳으면 가죽판의 구멍에 태슬 펜던트를 O링으로 연결합니다.

④ ②의 가죽판 위에 글라스 스톤 펜던트 두 가지 사이즈와 메탈 별 펜던트, 아마조나이트 원석을 디자인상의 위치대로 배치하여 본딩합니다. 이미 한 겹 본딩으로 소재를 접착한 표면의 위에 다른 소재를 이중 본딩하는 것이므로 표면 굴곡으로 인해 에폭시 본드가 흘러서 제자리에 올려 두어도 재료가 자리를 이탈할 수 있습니다. 어느 정도 굳을 때까지는 재료가 원하는 위치에 있는지 체크하면서 위치를 잡아 줍니다.

⑤ ④가 완전히 굳으면 핀 브로치대의 둥근 판 위에 에폭시 본드를 발라 원형 가죽판의 뒷면을 올려 접착해 완성합니다.

겨울에 어울리는 **가죽 초커 레이어드 목걸이**⁺

재료

① 실버볼 론델 5㎜(3개)   ② 고정용 끝 캡   ③ O링
④ 원뿔 스터드 펜던트(4개)   ⑤ 3㎜ 가죽끈   ⑥ 2㎜ 실버 비엘체인
⑦ 꼬리줄   ⑧ SR 장식

▶ 재료는 본인의 취향에 따라 대체 가능한 것으로 응용하실 수 있어요.

작업 과정

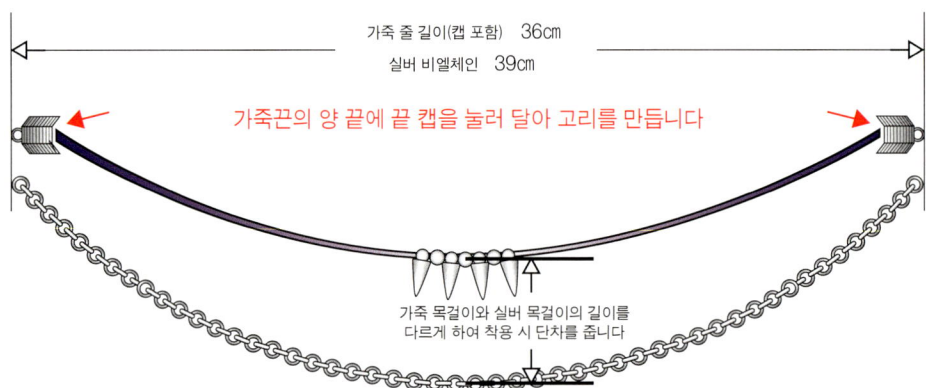

가죽 줄 길이(캡 포함) 36cm
실버 비엘체인 39cm

가죽끈의 양 끝에 끝 캡을 눌러 달아 고리를 만듭니다

가죽 목걸이와 실버 목걸이의 길이를
다르게 하여 착용 시 단차를 줍니다

▶ **디자인 스케치상의 목걸이 길이는 기성 초커 길이로 가정했을 뿐 참고용입니다. 본인의 목 둘레를 실측해서 원하는 길이로 정확하게 잰 뒤 작업해 주세요.**

① 가죽끈의 한쪽 끝에 고정용 끝 캡을 접어 달아서 고리를 만듭니다. 고정시킬 때 적당량의 에폭시 본드를 점 찍듯이 캡 안쪽에 발라 주면 더 단단하게 고정됩니다.

② 캡을 포함한 가죽끈의 길이가 36cm가 되게 가죽끈을 가위로 잘라 줍니다.

③ 5mm 은볼 론델과 원뿔 스터드 펜던트를 스케치상의 순서와 위치에 맞게 가죽끈에 통과시켜 넣습니다.

④ 가죽끈의 반대쪽도 ①과 마찬가지 방법으로 끝 캡을 접어 달아서 고리를 만듭니다.

⑤ 실버 비엘체인을 39cm의 길이로 니퍼 절단합니다.

⑥ 실버 SR 장식의 O링을 열어 가죽 목걸이의 끝 캡 O링과 실버 체인의 끝 유닛을 함께 걸고 이음매를 잘 맞추어 닫습니다.

⑦ O링을 열어 꼬리줄, ⑥에서 SR 장식에 걸었던 반대편의 가죽 목걸이 끝 캡, 실버 체인의 끝 유닛 세 개 소재를 모두 걸고 O링의 이음매를 잘 맞추어 닫아 완성합니다.

가죽끈에 끝 캡 고정하기

① 캡의 안쪽에 에폭시 본드를 소량 발라 가죽끈을 고리를 가리지 않게 위치시켜 올려줍니다.

② 에폭시 본드가 굳으면 캡의 양 날개를 평집게로 하나씩 접어 눌러서 고정합니다.

③ 가죽끈에 끝 캡을 달아 주었습니다.

연말 룩을 업그레이드시켜 주는 **샹들리에 귀걸이**⁺

재료

① 9핀
③ 와이어 0.3㎜(와이어 두께 응용 가능)
⑤ 메탈 커넥터(2개)
⑦ 담수 진주 3㎜(4개)
⑨ 스트로베리 쿼츠 6㎜(4개)

② 실버 귀걸이 훅(한 조)
④ 1.8㎜ 실버 고방 체인
⑥ 크리스탈 글라스 스톤 피라미드 커트 6㎜(4개)
⑧ 러프커트 탄자나이트(2개)
⑩ 칩 커팅 엠버(2개)

▶ 재료는 본인의 취향에 따라 대체 가능한 것으로 응용하실 수 있어요.

작업 과정

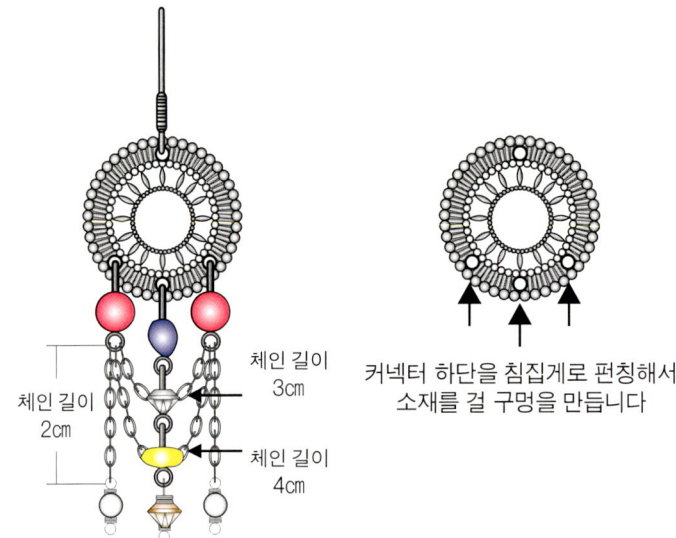

체인 길이
2cm

체인 길이
3cm

체인 길이
4cm

커넥터 하단을 침집게로 펀칭해서
소재를 걸 구멍을 만듭니다

① 메탈 커넥터의 하단을 침집게로 펀칭해서 소재를 걸 구멍을 만듭니다. 펜으로 정확한 위치에 점을 찍어 표시해 둔 뒤 펀칭 작업을 하면 실수를 줄일 수 있습니다. 침집게의 침은 원뿔 형태로 되어 있어 침이 깊게 들어갈수록 구멍이 커지므로 원하는 홀 사이즈를 파악하여 천천히 눌러 가며 조절합니다.

② 샹들리에의 형태를 만들어 줄 체인을 니퍼로 절단해서 준비합니다. 디자인 스케치상의 길이대로 2㎝ 4조각, 3㎝ 2조각, 4㎝ 2조각으로 절단합니다(귀걸이 양쪽 한 조 분).

③ 커넥터의 가운데에 걸 파트를 만듭니다. 탄자나이트, 투명 크리스털 스톤, 엠버는 9핀으로 9자말이해서 서로 연결하고 샴페인 컬러 크리스털 스톤은 위아래 와이어링으로 고리를 만들어서 엠버의 9핀을 열어 걸어 줍니다.

④ 스트로베리 쿼츠에 9핀으로 9자말이 고리를 만들어 커넥터의 양쪽에 달아 줍니다.

⑤ 커넥터에 달아 준 (디자인 스케치 기준) 좌측 스트로베리 쿼츠의 하단 고리를 열어 바깥 방향부터 '2㎝ → 4㎝ → 3㎝' 체인 순으로 걸리도록 넣어 준 뒤 이음매를 맞추어 잘 닫습니다.

⑥ 커넥터에 달아 준 (디자인 스케치 기준) 우측 스트로베리 쿼츠의 하단 고리를 열어 바깥 방향부터 '2㎝ → 3㎝ → 4㎝' 체인 순으로 걸리도록 넣어 준 뒤 이음매를 맞추어 잘 닫습니다. 체인이 양쪽에서 자연스럽게 커튼이 드리워진 형태로 드롭될 것이므로 체인이 엉키지 않았는지 확인해 주세요.

⑦ 양쪽 2㎝ 체인의 하단에 3㎜ 담수 진주를 와이어링 고리로 달아 줍니다.

　와이어의 한쪽에 O링을 만들어 준 뒤, 담수 진주를 와이어에 통과시켜 끼워 넣고 반대쪽 와이어 O링의 스프링을 감아 돌리기 전 체인 하단 끝 유닛을 걸어 연결해 준 후에 스프링을 돌려서 고리를 완성합니다. (103페이지 '핀이나 O링 없이, 와이어링으로 만든 O링끼리 연결하기' 참고)

⑧ ③에서 만들어 둔 원석 파트의 탄자나이트 9자말이 고리를 열어 커넥터의 가운데 구멍에 끼우고 이음매를 잘 맞추어 닫아 줍니다.

⑨ 실버 훅 귀걸이 하단의 O링을 조심히 열고, 메탈커넥터의 상단 구멍을 걸어서 잘 닫아 완성합니다.

침집게로 커넥터 펀칭하기

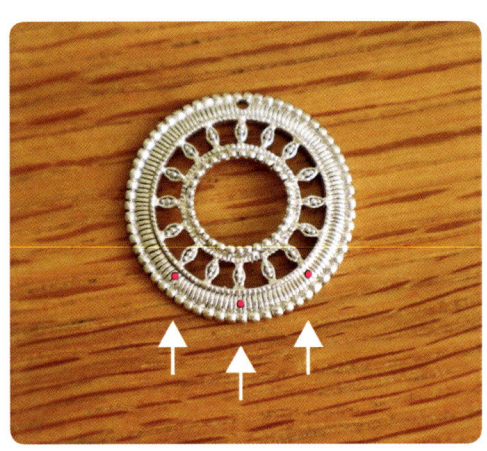

① 펀칭할 위치를 펜으로 찍어 표시합니다.

② 홀 사이즈를 확인하며 침집게로 꽉 눌러 줍니다.

③ 원하는 위치에 펀칭됐습니다.

우아하게 시선을 끄는 **유니크한 레이스 귀걸이**

재료

① 커튼 레이스
② 실버 후프 귀걸이(한 조)
③ 납작 담수 진주 13㎜(2개)
④ 반달 끝 캡(2개)
⑤ 9핀
⑥ 실버 미러볼 론델 3㎜(2개)
⑦ 줄난 펜던트(2개)

▶ 재료는 본인의 취향에 따라 대체 가능한 것으로 응용하실 수 있어요.

작업 과정

실버 후프 귀걸이에
반달캡으로 고정한 레이스와
납작 담수 진주 파트를 각각 걸어 줍니다

① 커튼 레이스를 원하는 두께만큼 잘라 낸 뒤 반달캡에 고정하여 고리를 만듭니다.
   사방으로 퍼지는 패브릭 소재를 정확히 캡의 중앙에 물리기가 쉽지 않으므로 숱과 길이를 조절한 뒤 와
   이어로 끝을 꽉 감아서 묶어 준 다음 캡에 넣으면 좀 더 수월하게 작업할 수 있습니다.
   표면 폴리싱 처리가 된 반달캡의 경우 평집게로 그냥 집어서 누르면 찍히고 흠집이 나면서 완성도가 떨어
   지게 됩니다. 안경 닦는 수건이나 주얼리용 광천 등의 보드라운 천으로 캡의 표면을 덮고 적당한 힘으로
   살살 눌러 가며 고정시켜 줍니다.

② 9핀에 납작 진주와 실버 미러볼 론델을 끼우고 9자말이로 고리를 만듭니다.

③ ②의 미러볼 론델 쪽의 O링을 열고 줄난 펜던트를 걸어 준 뒤 이음매를 맞추어 잘 닫습니다.

④ 실버 후프 귀걸이에 레이스 파트와 납작 진주&줄난 펜던트 파트를 방향을 잘 생각하며 걸어서 완성합
   니다.

패브릭 소재에 반달캡을 씌워 고리 만들기

① 레이스의 숱과 길이를 정리해서 와이어를 감아 고정합니다.

② 와이어 윗부분의 지저분한 길이를 가위로 잘라 정리한 뒤 반달 캡 안에 중심을 잘 맞추어 넣습니다.

③ 반달 캡 표면을 부드러운 천으로 씌운 뒤 평집게로 눌러 고정합니다.

④ 반달캡 고리가 완성됐습니다.